Rötter Kriminalitet

DEL ETT : " antisocial personlighetsstörning " , VÄRDERINGAR , PSYKIATRI .
KAPITEL ETT : sokratiska FRÅGOR BROADMOOR .
3 .
Antisocial personlighetsstörning .
AMORALISTS ?
Intervjufrågorna OCH de moraliska begränsningar.
KAPITEL TVÅ : konturerna av en MORAL LANDSKAP . 14 .
MORAL DJUP OCH YTLIGHET .
Egenintresse och Ring of Gyges .
AMORALISTS ?
Rättvisa och respekt RÄTTIGHETER .
Källorna moral UTAN empati.
COMMAND moral.
Rättvisa som primitiva JÄMSTÄLLDHET .
OPARTISKHET SOM VAD folk förtjänar , och vedergällning .
Mönster.
KAPITEL TRE : barndom och EFTER . 32
BARNDOMavstötning .
Rutter från FÖRKASTELSE till våld.
Överväldigande de moraliska BEGRÄNSNINGAR : ilska och känslomässiga behov .
Ilska.
Känslomässiga behov och umbäranden .
BEHOVET AV ATT VARA NÅGON .
Behovet av att vara nödvändig och önskvärd .
Dvärgväxt TILLVÄXT sympati .
Rädslan för avstötning och försvarsmuren .
Empati, sympati, SÄTTA PÅ BLINKERS .
RESPEKT , VÄXELVERKAN OCH IDENTITET .
Vissa typer av RESPEKT och inte andra.
RESPEKT OCH VÄXELVERKAN : " INTE MYCKET REAL sig själva " .
MORAL IDENTITET OCH AGENCY .
Självkänsla : grunt och djupt .
Dvärgväxt TILLVÄXT MORAL IDENTITET : skuld och självhat .
SJÄLV SKAPANDE OCH BRIST PÅ KONTROLL : Den goda sidan och den dåliga
sidan .
KAPITEL FYRA : TVÅ tolkningsproblem. 64
FRÅGAN OM SÄKERHET .
HUR LÅNGT ÄR PSYKOLOGI som framträder DISTINCTIVE antisocialt
Personlighetsstörning?
KAPITEL FEM : SHAKESPEARE KOMMER TILL BROADMOOR . 70
Återuppliva och vårda moraliska och känslomässiga TILLVÄXT .

De betalda VÄNNER PROBLEM .
SPELA UPP SHAKESPEARE I BROADMOOR .
NÅ djupt inne .
ACTORS och publik : ge något tillbaka .
Oroa inauthenticity .
Hjälpa människor TA blinkers och göra några sprickor i muren .
KAPITEL ETT : sokratiska FRÅGOR BROADMOOR .
" Psykopater " är i det extrema. Verktyget som används mest för att diagnostisera
" Antisocial personlighetsstörning " är en skala som kallas " Hare
Psykopati checklista " , som utarbetats av den kanadensiska psykologen Robert D
Hare . Det finns en cutoff poäng över vilken du får diagnosen
av antisocial personlighetsstörning . Och inom denna diagnos , om du
nå den högt betyg av 30 du får ytterligare diagnos av
" Psychopathy " . Något ofta sagt om dem som kallade psykopater ,
och i förlängningen om de andra inom den bredare kategorin , är att
de saknar ett samvete .
Detta påstående är spännande . Finns det verkligen människor som helt saknar
ett samvete ? Om ja, hur går detta till? Är de födda med
något som saknas ? Eller något hända dem som förstör
deras samvete ? De flesta i grunden , vad innebär det att säga att
de " saknar ett samvete " ?
Etik är fortfarande lärs
med den metod som uppfanns av Sokrates . Det börjar med att fråga människor om
deras föreställningar om rätt och fel , pressa dem att ange dem
föreställningar med maximal tydlighet och explicitn . Då de är
utmanas att försvara sina åsikter i ansiktet av motexempel och
motsatta argument . Studenten skjuts in i en resa av
egen utforskning , i stället för att ges " svar " genom
lärare . En del elever , de som tänker som lärs ut är ges
information eller slutsatser för att ta bort , är förbryllad över detta och tvivel
att de undervisas på rätt sätt . Hur som helst, läraren
lär sig mycket om eleverna , särskilt om mycket olika
strukturer moralisk övertygelse och stilar av moraliskt tänkande som människor
har. Detta omfattar mycket olika åsikter om vad det är att styras
med sitt samvete .
Att säga att personer med antisocial personlighetsstörning saknar en
samvete kan betyda en eller flera av flera saker. Det skulle kunna innebära
att de saknar empati för andra människor : att de inte kan tänka sig
hur andra människor känner . Eller det kan betyda att de saknar medkänsla : att
De kan föreställa känslor av till exempel de som de gör ont , men
bryr sig inte om dem . Det kan innebära att de inte känner skuld . den
kan vara att de saknar vissa moraliska begrepp som " grym " ,
" Orättvisa ", " oärliga " , "rättigheter" eller " själviska " . Eller det skulle kunna innebära
att
de saknar en känsla av moralisk identitet : en föreställning om den typ av
person de är , eller om den typ av person som de hoppas , tillsammans

med en uppsättning värden som styr denna uppfattning . Det verkade som det
samvete eller brist på samvete för denna grupp människor var en
lovande område för utredning .
Dr Gwen Adshead , en psykiater som arbetar på Broadmoor Hospital , har
Många patienter med diagnosen av antisocial personlighetsstörning .
Hon och jag hittade vi delade ett intresse för deras moral eller brist på det ,
och vi gemensamt utarbetat ett projekt för att undersöka dessa frågor i
en del av dem i Broadmoor med denna diagnos .
Gwen Adshead genomfört en serie intervjuer , ytterst på
Carol Gilligans idé om en " etik i vården " , men anpassad till en
undersökande verktyg , den " etik för Care Interview " , av Dr Eva Skoe .
Kärnan i detta är bedömningen av människors reaktioner på moralisk
dilemman som presenteras med hjälp av korta berättelser .
Jag använde en serie intervjuer för att försöka undersöka människors moral och
värden med hjälp av frågor som bygger på de som används för att lära ut etik .
Delvis i hyllning till uppfinnaren av strategin , men med kanske en
touch av anspråksfullhet , kallade jag denna serie " den sokratiska
intervjuer " . Denna kontorapporter om dessa " sokratiska " intervjuer . Till
introducera dem , kommer jag att säga lite om antisocial personlighetsstörning
och sedan beskriva kortfattat innehållet i intervjuerna och de vägledande
frågor som ligger bakom dem .
1 . Antisocial personlighetsstörning .
Som en psykiatrisk kategori , är både viktigt och personlighetsstörning
frustrerande. Det finns olika personlighetsstörningar. Listor varierar,
men de flesta innehåller Narcissistisk personlighetsstörning , Schizoid
Personlighetsstörning , borderline personlighetsstörning och Antisocial
Personlighetsstörning . Definitioner av var och en av dessa tenderar att vara vaga .
Typiska definitioner av den allmänna kategorin " personlighetsstörning "
Se " djupt rotade , maladaptiv beteendemönster som
orsaka lidande för dem som har dem eller andra . " (KONTROLL OCH CITAT
HÄR FRÅN DSM eller ICD .)
Sådana konton fånga något viktigt , men de är fulla av
problem . Ordet " maladaptiv " låter vetenskapligt , kanske som en
Idén kommer från darwinistisk överlevnad . Men den har också en oroande
förslag på inte passar bra med rådande sociala normer . på det här
basis , vid olika tillfällen , som en dissident i Sovjetunionen, en
ateist i Saudiarabien eller kommunist i USA kanske
kvalificerar någon för att ha en personlighetsstörning . " Maladaptiv " , även
i mer bokstavlig darwinistiska känsla av att inte vara gynnsam för överlevnad
i en viss miljö , fortfarande kan innehålla för mycket . djupt
ingrodd tapperhet i en brand - fighter kan inte vara gynnsamt för överlevnad .
Och Sokrates hade den djupt rotade vanan att ställa frågor som
oroliga människor , en vana som så småningom ledde till hans död .
Sådana definitioner inkluderar klart för mycket . Men detta kan bero på
psykiatrikers filosofiska kunskaper snarare än deras diagnostiska sådana.
Det kan finnas något i påståendet ibland : " definitionen

kan inte vara bra , men man känner igen det när du ser det " . Det verkar
att vara folk -inte brandmän eller Sokrates - vars personlighet verkar
trasslat till en sådan extrem grad att det förstör deras
relationer och deras liv . De presenterar svårigheter som är både
begrepps (bör detta räknas som en " sjukdom " som ska behandlas av
psykiatriker ?) och praktiska (finns det effektiva sätt att hjälpa dem
förändras ?) .
Antisocial personlighetsstörning , vid den svåra änden inklusive
psykopati , är arvtagare till en tilltrasslad historia av moraliska, juridiska och
psykiatriska begrepp , inklusive de märkt ut av det nittonde
talet termen " moralisk galenskap " och det tidiga nittonhundravillkortalet
" Konstitutionell psykopatisk underlägsenhet " och " sociopat " . (Hänvisning
ATT Millon , SIMONSEN OCH Birket - SMITH .) Den moderna föreställningen om en
psykopat har starkt präglat av Harvey Cleckley , som var en
Professor i psykiatri vid University of Georgia Medical School Han
rapporterade om psykopater bland hans patienter i The Mask of Sanity ,
Ett försök att klargöra vissa frågor om den så kallade Psychopathic
Personlighet (först publicerad 1941 , återutgiven med betydande
revideringar i 1950 , med ytterligare revideringar tills postum femte
upplagan 1988) .
Cleckley s föraning (även om han visste att han saknade bevis för att stödja det) var
att psykopater är födda på det sättet : " Allt jag har kommit till
anser att vissa subtila och djupgående defekt i den mänskliga organismen,
förmodligen medfödd men inte ärftlig , spelar huvudrollen i
psykopat är förbryllande och spektakulärt misslyckande att uppleva livet
normalt och att bedriva en karriär godtagbar för samhället " . (Hänvisning
TILL CLECKLEY , har två sidor , en kortsiktiga påverkan SIDAN 403 .) Hans bok
populära stereotyper och legender om psykopater och andra
påverka psykiatriska tänkande .
Cleckley hade många av de fördomar i sin tid och plats . hans bok
inkluderar attacker på moderna " tolerans " , och om " intellektuella och
esthetes " för deras smak av " vad som allmänt betraktas som perverst ,
nedslagen eller avsmak obegriplig " . Vad de tyckte inkluderade
skrifter Gide (som " öppet insisterar på att pederasti är det
överlägsen och bättre livsstil för unga pojkar ") och Joyce
(" En samling av erudite rotvälska som inte kan särskiljas för de flesta
från det välbekanta ordet sallad produceras av hebephrenic patienter på
tillbaka valdistrikten i någon stat sjukhus ") . (Hänvisning till CLECKLEY , sidan 7.)
I sin beskrivning av en av hans manliga patienter som hade oralsex med
fyra svarta män , Cleckley ogillande inte fokuserar på om
för män medgivande var äkta , men främst på hans patientens val av
samarbetspartners . Mannen " kom på idén om att plocka upp fyra neger män
som arbetade på fälten inte långt från hans bostad . I en tätort
där Ku Klux Klan (och dess välkända attityder) vid tidpunkten
haft en hel del popularitet , denna intelligenta och i vissa
avseenden utmärker unge mannen visade inga betänkligheter om att ta

från fältet dessa otvättade arbetare som han dolde i ryggen
av en pickup , med honom till en välkänd plats för amorösa
rendezvous ... Även om han beklagade och sade att hans tilltag var helt
ett misstag , han verkade helt saknar djup förlägenhet . "
(Hänvisning till CLECKLEY , SIDAN 361 .)
Cleckley hjälpt till att skapa eller vidmakthålla den som tänker på det
psykopat som inte riktigt mänsklig , en satanisk monster gömmer sig bakom
mask of sanity . Detta är " den utsökt vilseledande mask
psykopat " , som använder extra anläggning och charm för att posera som en
normal person . " Vi har här inte med en komplett människa alls men
med något som tyder på ett subtilt konstruerade reflex maskin som
kan efterlikna den mänskliga personligheten perfekt . Detta fungerar smidigt
psykiska apparaten återger genomgående inte bara prov på god
mänskliga resonemang men även lämpliga simuleringar av normal människa
känslor som svar på nästan alla de olika stimuli i livet . Så
perfekt är reproduktion av en helhet och normal människa att ingen som
undersöker honom i en klinisk miljö kan peka ut på vetenskaplig eller
objektiva termer varför , eller hur , han är inte riktigt ... Det psykopat , dock
perfekt han härmar man teoretiskt , det vill säga , när han talar
för sig själv i ord , inte helt och hållet när han förs in i
praxis i verkliga livet. " (Hänvisning till CLECKLEY , SIDOR 369-370 OCH
383 .)
Bland psykiatriker , har Cleckley inflytande inte varit om
monster bakom masken , men kommer från hans kraftfulla beskrivningar av
beteendet hos några av hans psykopatiska patienter .
En minnesvärd händelse var " Milt " , som var 19 år när han kom till sjukhuset .
Han hade gjort en hel del antisociala saker . När kritik för dem , han
gjort charmiga ursäkter , men aldrig tycktes verkligen att uppskatta
allvaret i vad han hade gjort och fortsatte på samma sätt . One
incident var när han körde sin mamma tillbaka från sjukhuset efter
hennes större operation . Bilen blåste en säkring och bröt samman i mitten av
en mycket lång bro . Med mörkret faller , Milt uppsättning av att gå till en
garage halv mil bort för att få en säkring . Han sade att han skulle få skjuts och
vara tillbaka i mindre än femton minuter. Efter en timme hans distraught
mamma lyckades få skjuts hem . Hon ringde sjukhus för att se om Milt
hade haft en olycka .
På väg till garaget , hade han slutat på en cigarr butik för 10-15
minuter för att kontrollera fotbollsresultat. Sedan kallade han på en flicka som bor
närheten och chattade vardagligen i en timme. All denna tid kom han ihåg
hans mor väntade . När han till sist samlas in bilen och kom
hem , var han korsar med sin mor för att inte ha väntat . Han visade " en
intetsägande immunitet till något erkännande att han hade betett sig ansvarslöst eller
inconsiderately " . (Hänvisning till CLECKLEY , sidan 161 .)
Cleckley använt detta och andra fallbeskrivningar för att upprätta en förteckning över
de utmärkande egenskaperna hos psykopater . dessa inkluderade
ytlig charm , opålitlighet , oärlighet , brist på ånger ,

egocentricitet , emotionell fattigdom , och en underlåtenhet att följa något liv plan . Profilen hos den " Cleckley psykopat " är ursprunget till nuvarande metoder för diagnostik , bland annat Hare Psykopati Checklista .
I Psykopati Checklista , Hare skiljer två "faktorer " , som är starkt korrelerade med varandra, men som har olika förhållandet mellan människor korrelationer med andra variabler . faktor One representerar personlighetsdrag som är typiska för syndromet : " självisk , förhärdad och obevekliga användning av andra " . Faktor Två speglar socialt avvikande beteende : " kroniskt instabila , antisocialt och socialt avvikande livsstil " . Om diagnosen av att vara en psykopat är tänkt att förklara antisocialt beteende , förmodligen Factor One gör det mesta av den förklarande arbete , som Faktor Två blir knappast längre än notering beteende som skall förklaras. Och de personlighetsdrag av Faktor One är mer relevanta för frågor om samvete . Objekten i Factor En är munvighet och ytlig charm , en grandios känsla av självkänsla , patologiskt ljugande , att lura och manipulativ , avsaknad av ånger eller skuld , ytliga känslor , att vara hjärtlösa och saknar empati , och underlåtenhet att ta ansvar för sina egna handlingar .
(Hänvisning till ROBERT D HARE : Hare Psykopati CHECKLISTA - Revideras.)
Det finns frågor om hur människor hamnar med en diagnos av anti - social personlighetsstörning . De jag träffade var i Broadmoor som ett resultat av två saker : att ha begått ett stort brott och att ha varit bedöms ha en psykiatrisk problem snarare än som en "vanlig" kriminella behöver straff . Det finns frågor om hur långt de skiljer sig från hänsynslösa människor i vanliga livet , som lyckas få sig antingen utan att begå brott eller annars utan att få fångad . Hur de jämför med några av de politiker, affärsmän , medie magnater , chefer för akademiska institutioner , kaptener av industrin och andra som kanske också ibland ljuga , känslokallt , manipulativ rolla med en grandios känsla av egenvärde och lite ånger ? Och hur de jämför med dem som har begått liknande brott , men som skickas till fängelse i stället för att se psykiatriker ?
2 . AMORALISTS ?
En uppenbar fråga är hur långt någon med den antisociala rekord av Faktor Två, i kombination med den glib , lura , känslo personlighet Faktor Man bör betraktas som att ha en " störning" i stället för bara som vara moraliskt dåligt . Kan personen med antisocial personlighet sjukdom visar sig vara den " rationella amoralist " som spökar filosofiska böcker om etik ?
Åtminstone så långt tillbaka som Platon , filosofer skriver om etik har upprepade gånger försökt att anta utmaningen att ge övertygande skäl till varför någon skulle bry sig om påståenden om moral. Man bildar detta utmaning krävs är efterfrågan på argument som kommer att motbevisa amoralist . Men denna teoretisk konstruktion , den " amoralist " , visar sig

vara en hal karaktär.

Den enkla versionen av amoralist är någon helt egennyttiga och beredd hänsynslöst för att trampa på någon annan. Men eftersom samhälle är inställd för att avskräcka folk från att agera så här, en rationell amoralist måste verka i tung förklädnad. För att undvika juridiska bestraffning eller social utfrysning, en själv berörd person måste åtminstone försök att " passera " som någon som respekterar andras intressen. Oavsett den bakomliggande attityden, åtminstoneblir beteendet mindre av ett hot. En andra modifikation resultat om amoralist har vanliga mänskliga önskningar för relationer. De djupaste relationer är oförenliga med att närma sig i en anda av egennyttiga beräkning. Så några känslomässiga engagemang med särskilt andra människor kan göra en del sprickor i barriären mot altruism.

Som ett resultat av dessa modifieringar, finns det en paring ner till konceptuella kärna amoralism. Den rena " konceptuella " amoralist kanske inte vara självisk. Han får ofta bryr sig om andra människor och agera mot dem med välvilja och med generositet. Men han gör det för att han vill, inte på grund av några tankar om att han borde göra det eller om moraliska skyldigheter. Inför " moraliska " användning av ord som " borde ", " Rätt", " fel ", " plikt ", " skyldighet ", kommer han reagera som Oscar Wilde gjorde när frågade om han var patriotisk : " Patriotism är inte en av mina ord ".

Ett syfte med dessa intervjuer var att se hur långt människor med antisociala personlighetsstörning gör eller inte konvergerar med någon av dessa typer av amoralist.

3 . Intervjufrågorna OCH de moraliska begränsningar.

De människor som intervjuade hade alla gjort en del hemska saker. Den intervju planen startade från ett ramverk jag använt för tidigare arbete på psykologi av människor som är inblandade i några av de stora nittonhundra talets grymheter. Funderar Auschwitz, Gulag, Hiroshima eller folkmordet i Rwanda, finns det en uppenbar fråga : hur kan människor har fört sig att göra sådana saker ? Jag närmade sig detta genom att fråga om begränsningar i vardagen som hindrar människor från tortera eller döda varandra. Jag föreslog en rad begränsningar och sedan frågade vad som hade hänt dem i Nazityskland, Rwanda och andra platser. Dessa intervjuer försökte en liknande strategi. När folket Jag intervjuade begått sina fruktansvärda brott, var det normala begränsningar överväldigade av andra saker? Om ja, hur var de överväldigad, och med vad? Eller var dessa människor utan att det normala begränsningar ? Hursomhelst, vad som pågick inne i dem ? Hur kom de tror om vad de bör eller inte bör göra ?

Vilka är de faktorer som, för det mesta, hålla tillbaka människor från grymhet, våld och dödande ? En uppenbar faktor är egenintresse. Döden av en konkurrent kan vara lönsamt. Angripit en fiende kan ge psykologisk tillfredsställelse. Men samhället är organiserat i ett sätt avsett att göra kostnaden för hög. Normalt för en rationell

egennyttiga personer , sådana frestelser uppvägs av risken för
social skam och av långsiktig fängelsestraff .
Naturligtvis , för de flesta människor , är inte själv intresserade beräkningen
hela historien . Platons briljant enkla " ring för Gyges " tanke
experimentet är utformat för att ta ut det. Om du hade en ring som gjorde
dig osynlig , så att brott inte skulle följas av straff och
skam , skulle du ha någon anledning att inte stjäla , inte att våldta eller inte
att attackera människor som motverkar dig ? Ringen av Gyges är en utmaning
att precisera de moraliska resurser vi har : de återhållande motiv som
är inte bara egennyttiga .
Dessa moraliska begränsningar är rotade i vår psykologi . Central bland
dem är vad som kan kallas " den mänskliga reaktioner " . Vi är kapabla att
känner sympati för andra människor . Även om svaret kan vara
deadened eller över - ridit , vi kan bli glad av någons glädje eller
bedrövad av deras lidande . Och vi har en tendens att visa andra
folk respekterar . Återigen svaret kan dämpas eller över - ridit . Men
känslan de flesta av oss har av andra människors värdighet är en barriär
mot förödmjuka dem. Vi är bestörta att se någon vara spottade
vidare. Dessa mänskliga reaktioner av medkänsla och respekt är kopplade till
empati : till vår föreställa sig hur det är för någon annan att
erfarenhet lidande eller kränkning .
En annan viktig moralisk återhållsamhet är vår känsla av vår egen moraliska identitet .
De flesta av oss har en uppfattning om den typ av person vi är . vi ibland
har en bild av den typ av person som vi skulle vilja vara tillsammans
med värderingar som formar den bilden . Även om bilden inte är bra
fungerat eller delvis medvetslös , kan det fungera som en moralisk
återhållsamhet . Vi kan åtminstone känna den typ av person vi vill inte
vara , och detta kan hindra oss från att arbeta i vapenhandeln eller
blir en televisions evangelist.
Frågorna var utformade främst för att se hur långt dessa moraliska
begränsningar fanns i de män jag intervjuade . För att göra det
frågor som unthreatening som möjligt , undvek jag frågar " har du
en känsla för rätt och fel? " Istället frågade jag om vad de skulle
lära barn om rätt och fel. Jag frågade också om , om de
körde en bil , de skulle parkera på en " inaktiverad " utrymme , och vad deras
skälen var för att göra eller inte göra det . När de sa att de inte skulle
parkera på handikapp rymden , uppföljningen fråga om skäl kunde
utnyttja deras egenintresse : " Jag skulle inte vilja få hjulfastklämd"
eller " det kan vara besvärligt om folk märkt " . Men det fanns också de
Möjligheten att hitta några av de moraliska resurserna : sympati för
funktionshindrade, respekt för sina rättigheter eller till och med känslan av moralisk
identitet : " Jag skulle inte vilja vara den typ av person som var så elak
så att göra det " . Några frågor var avsedda att undersöka deras känsla av
moralisk identitet : " Hur skulle du beskriva den typ av person som du tror
du är? Har du en uppfattning om den typ av person som du vill
vara ? " Andra undersökte om det fanns saker som fick dem att känna sig

skyldig. Andra undersökte deras förståelse av moraliska begrepp som
rättvisa .
Folket intervjuade alla hade diagnosen antisocial personlighet
störning. De hade också dömts för minst ett allvarligt brott
såsom mord eller våldtäkt . Innan intervjuerna jag undvek att ta reda
vilka brott de begått , eftersom jag inte vill att mina svar och
vy av dem att vara förspänd av denna kunskap. Och under intervjuerna
Jag ville inte fråga dem vad deras brott hade varit . (Ibland
frivilligt denna information utan att bli tillfrågad.) Men , för att
utforska sin förmåga till empati och sympati , jag ställa frågor
i stil med " När du gjorde vad det nu var , hade du föreställa dig hur
de människor du skadat filt ? Kan ni föreställa er hur de kände sig ? Visste du
bryr sig om hur de kände sig ? "
Dessa intervjuer är en del av " kvalitativ forskning " , en term som ofta
kontrasteras med " kvantitativ forskning " . Eftersom frågorna inte är
som syftar till att "ja" eller "nej " svar , men är öppen , dessa intervjuer
lämpar sig inte för kvantitativa resultat. Målet har varit en
intuitiv förståelse för hur medlemmarna i gruppen tycker om rätt
och fel , om sig själva och sina värderingar . den intuitiva
förståelse kan kanske jämföras med den hos en historiker som försöker
få en uppfattning om vad Asquith var från hans brev , eller försöker
få en känsla för sinnet av Hitler ur journalerna från hans bord prata .
Sådana handlingar får inte lämpar sig för numerisk analys , men
fortfarande att de kan hjälpa historikern förståelse .
En bit av kvalitativ forskning kommer ofta upp frågor som
kräver kvantitativ forskning . I denna studie , till exempel, dessa
intervjuer inte också ges till en kontrollgrupp . Vi ansåg att göra
detta , men beslutade mot . Som en kontrollgrupp kunde vi har haft en
grupp studenter , en grupp människor i psykiatriskt sjukhus med en
olika diagnos , en grupp av soldater , en grupp av sjuksköterskor , eller en
grupp människor i fängelse . Olika kontrollgrupper skulle generera
mycket olika uppsättningar av likheter och kontraster. Varje möjlig
kontrollgrupp skulle ha lutat betoningen av studien i ett
annan riktning. Att ha en kontrollgrupp skulle ha tillåtit
mätning , men vi trodde att fördelarna med detta skulle ha varit
uppvägs av tippningseffekten. Vi ville ha en bred bild av detta
grupp, inte en bild i huvudsak av de speciella kontraster mellan dem
och , säg , studenter .
Men den här bilden kommer att ta upp frågor vars svar kräver
komparativa och kvantitativa metoder . Våra intervjupersoner var
psykiatriska patienter . De dömdes också våldsamma brottslingar . de
också hade diagnosen antisocial personlighetsstörning . Till
fastställa den distinkta bidrag sin diagnos till vad de
sade skulle naturligtvis kräva kvantitativa jämförelser med de i
andra kategorier utan diagnos . Bilden här är en
skiss . Den syftar dels till att ge en intuitiv känsla för en grupp människor

vars eget sätt att se saker och ting är inte mycket förstås , och dels för att
föreslå hypoteser som kan testas i framtida studier .
Intervjuerna var " halvstrukturerade " . Det vill säga , en standarduppsättning av
frågor var på plats , men det var inte strikt följs . Syftet var
något mer konversera . Prestigelöshet kan uppmuntra människor att vara
mer tillmötesgående . Och , när någon säger något intressant , kände jag
fri att följa upp det , oavsett den ursprungliga planen . Detta gjorde det
intervjuer ännu mindre känsliga för kvantifiering , men jag hoppas det här
nackdel har visat sig uppvägas av intresse för vad som var
sa .
KAPITEL TVÅ : konturerna av en MORAL LANDSKAP .
MORAL DJUP OCH YTLIGHET .
Ett tema av frågorna handlade om vilka saker som är fel ,
och vad som gör dem så . (Vanligtvis sätter i termer av vad barn bör
läras ut , i ett försök att göra frågan mindre hotfullt eller
anklagande .) Frågan knackade i stort utbud bland
intervjuade på ett kontinuum mellan vad som kan kallas moral " djup "
och " ytlig " .
Frågan om vad saker är fel ibland framkallade svar i
slående ytlig .
CQ : De ska inte svära , du vet , gör som din mamma säger till dig att
vet , du vet , göra bra i skolan , när du växer upp , du vet . bli
noga med vem du umgås med . Prata inte med främlingar , vet du . saker
så där ...
Vilket är mer fel - mobbning eller svära ? Hm , svära och mobbning
är fel , både fel i mina ögon . Både den samma ? Ja, båda samma .
(QUIGLEY 1,2.)
IQ : Men de sa att jag har satt mig själv en ganska hög moralisk standard .
Vad kan du säga om din mycket höga moraliska normer? Tja , jag
inte svära framför kvinnor .
Jag är respektfull . Jag menar jag tror på att öppna dörrar , och om en
kvinnligt är promenader längs , det är en patient eller en anställd , jag lät
dem gå igenom dörren först , och sånt ...
(Questor 6 .)
Andra var ganska oartikulerade när de ombads att gå längre än notering
specifika saker de trodde fel och att motivera posterna är
på listan . Men ibland en mer allmän uppfattning (t.ex. "saker du
skulle inte vilja om de hade gjort med dig " eller " det som i det långa
loppet kommer inte göra dig lycklig ") tog fram .
QA : En dag jag köpte min fru ett dussin röda rosor och lägg dem ovanpå
tv när hon kommer in och när min son ser dem han skär
dem med en sax . Tja , jag har inte straffa honom . Min fru
angrep honom. Om du hade pratat med honom , vad skulle du ha
velat föra fram ? Vad tycker du att barn ska undervisas om
rätt och fel ? Inte för att gå ut att stjäla . Inte gå ut slåss och
bara gå bort . Det tar en bättre man att gå bort än att bara stå

och slåss . Inte för att gå ut och kalla folk namn och allt det där. inte för att
får problem , egentligen . Men om du skulle uppfostra era barn ,
skulle du tänka på att berätta för dem dessa saker ... De får inte skära rosor av,
de får inte skrika efter andra människor . Tänk om barnen sade ,
" Det som gör allt detta fel ? Vad är det de har gemensamt
som gör att de har fel ? Tja , det är bara kränkande , det är allt . Det är bara
stötande ... being stötande hela tiden. Tänk om du skulle ta upp en
barn och han säger , " Säg mig alla dessa saker är fel , men vad
gör dem fel ? Vad gör alla dessa saker - att stjäla och ljuga och
missbrukar människor - det som gör dem helt fel ? Jo , det gör dem fel
- Det är inte deras egendom . Den tillhör någon annan. Någon annan har
köpte den , eller byggde det eller hade det gett , eller något liknande , och
det är inte din egendom . Det är deras besittning . Det är deras. Hur är det
ropade efter gamla människor ? Vad som gör det fel? Shouting efter gammal
människor ? Tja , jag tycker att det är Musse - tar mer än något . Det är
fel , missbrukar gamla människor . Gamla människor inte vända sig om och börja
skrika , kok stryk , men jag brukade tukta mina två små flickor när
de brukade skrika åt Mrs Hopkins som bodde intill. hon hade
två pinnar och de brukade ta Musse av henne ... En dag de
kan vara samma och någon kunde börja skrika på dig och hur
vill du ha det ?
(ASH 2 , 3 .)
Vad är skillnaden mellan djup och ytlighet här ? Djup burk
kommer från allvarlig reflektion över varför saker spelar roll . denna reflektion
kanske om sig själv . Vilken sorts liv vill jag leda och varför ?
Vilken sorts människa vill jag vara ? Det kan handla om religion eller
samhället. Inget av detta med nödvändighet mycket oro för andra
människor. Å andra sidan är djupet kan komma, ej från reflexion, men
från en intuitiv känsla för andra människor och för det som är viktigt för dem .
Frågan om hur du vill att det , om någon började skrika
på dig har åtminstoneen del djup . Men betoningen på att låta kvinnor gå
genom dörren först och om inte svära är grunda , eftersom
konventionell . De visar inga tecken antingen på reflektion över skäl eller av
en känsla för vad som verkligen påverkar människor . Det gäller tydligast till
anser att svära och mobbning är lika dåliga .
Egenintresse och Ring of Gyges .
Det var frågan om vilka principer för urval , om någon, de
använde. De tillfrågades varför de skulle lära barnen att göra några
saker och att inte göra andra . Några pendlade mellan skäl som
vädjade till idéer om rätt och fel , eller till oro för andra människor
och skäl att vädja till egenintresset . Tonvikten var starkt på
egenintresse .
När du pratar om yngre barn , säger barn i åldern ca 6
eller 7 , vad skulle du lära dem om rätt och fel ? Z.C : Tja , jag
skulle lära dem ... inte för att bära sig illa åt, att inte stjäla . Jag skulle berätta för dem
orsakerna , dock. Jag skulle inte bara säga till dem -inte stjäla eftersom

det är fel . Jag skulle berätta för dem orsaken . För om du stjäl , det
Polisen skulle fånga dig så småningom , de skulle låsa upp dig och du
skulle bli lidande . Jag skulle berätta för dem så . Känner du till något annat
skäl ? Jo , att det är fel . Jag skulle förklara för dem - hur skulle du
som någon att stjäla din egendom ? Du skulle inte vilja . Så inte stjäla
andra människors egendom . Och även för att det är viktigt -du vara
inlåst , inlåst i fängelse och väl du lider . Du förlorar din
frihet.
(CRINOS 1 .)
Andra gav skäl som tilltalade helt enkelt att egenintresset .
Vad skulle du lära dem är rätt och fel ? Vad har du i
sinne ? OBS : Um , lära dem att inte prata med främlingar , um , inte att få på
fel sida av lagen , bryter mot lagen , um , lära dem saker som
Jag har varit med om , lära dem att inte göra det jag gjorde , typ av sak , så
lära dem olika . Få en bra utbildning , få ett bra jobb . Antag
du lära dina barn att inte prata med främlingar , få en bra
utbildning , inte för att bryta mot lagen . De vänder vid 13 års ålder och
säger , "Ja , OK , du säger oss allt detta , men varför ? Vad är orsaken
bakom det hela ? Vad skulle du säga ? Um , [lång tystnad] Eftersom du behöver
ett jobb i livet och en bra utbildning i livet för att komma någonstans . Om du
inte , då du bara kommer att bli um , på dole , som bor i vandrarhem
och bedsits för åldrar , inga pengar , knappt några kläder , inte kan skaffa dig
en god måltid . Och det är därför du behöver en bra utbildning och ett arbete , och
när du är på dole och bor i en etta , och du har inget
till ditt namn , då du börjar stjäla från butiker , mat från butiker . ni
fastna , får du i trubbel med lagen . Så egentligen du säger
dem hur man har ett lyckligt liv ? Yeah .
(BLACK 2 .)
När resultatet av att åka fast är så framträdande bland skälen ,
Det är naturligt att undra vad frågan om ringen av Gyges kommer
framkalla . En del förståeligt var lite kastas av den . Ibland
var svårt att vara säker på hur långt deras svar återspeglade en riktig attityd
och hur långt de återspeglade behovet av att säga något som svar på
frågor de fann hårt och kanske tryck .
Generellt du att folk ska göra det rätta ? L.F : Ja . Även
om de kunde komma undan med att göra fel saker ? Vad är orsaken
för att göra det rätta om du kan komma undan med att inte göra det ? Säg
igen ? Tja , antar att man kan komma undan med att inte åka fast ,
vad är poängen med att bry sig om att göra det rätta ? Tja , jag
vet inte [skrattar han] att vara ärlig . Um , beroende , jag vet inte , jag
vet inte . Det var en gång en filosof som sa att om vi hade en
ring som gjort oss osynliga , skulle det vara en fråga om huruvida
vi behöver bry sig om moral alls ... Vad skulle du tänka om
någon som sa , " ja, vi behöver inte bry sig om rätt och
fel , om vi kan komma undan med det på grund av att vara osynlig " ? jag
dunno . Skulle du känna att du hade någon anledning att göra det rätta ? nr ,

inte riktigt . Du kan stjäla men du var osynlig så ingen skulle se
det är du . Du skulle göra det ? Tja , jag antar det , ja .
(Farleigh 12 .)
Andra var inte så kastas av frågan . Ofta det första svaret är
att ifrågasätta rimligheten i vad en sådan sagotankeexperiment
anta . Skulle osynlighet verkligen vara ett pålitligt skydd mot
fångas ?
Den grekiske filosofen Platon hade idén att om vi hade en ring som
gjort oss osynliga , skulle det finnas en fråga som vi haft anledning
inte för att stjäla . Om vi hade en ring som gjort oss osynliga , skulle vi aldrig
fångad . Skulle det finnas några skäl för att inte stjäla då ? Z.C : Säg
du är osynlig , kan du komma undan med det kanske hundra gånger .
Men så småningom kommer de att suss ut dig - någon som är osynlig är
gör detta och de kommer antagligen att bli mer ... se upp för ... Så du kommer
fastna i slutet? Ja ... De suss ut att någon osynlig människa
gör detta . Det finns en del filmer där de visar osynliga människor och
småningom de fångade dem .
(CRINOS 7 .)
Men nästa svar var ofta att tro att en effektiv version
skulle undanröja eventuella problem om att stjäla , även om detaljerna i detta
tanke var ibland bisarra .
Men om jag kunde komma undan med det - om jag verkligen kunde komma undan med
det
forever - antar jag visste bara att jag kunde komma undan med något , skulle
det finnas några problem med att göra det då ? Z.C : Det skulle inte. Nej, du är
höger . Det skulle inte vara ett problem. Om du var osynlig och , säg,
hålls döda människor och du kan inte fångas , sedan så småningom , och
du skulle vara den enda personen på planeten , och du skulle vara ensam med
själv om du dödade alla.
(CRINOS 7 .)
En uppfattning var att bära ringen av Gyges inte skulle sluta handlingar vara
fel, men att avsaknaden av konsekvenser för bäraren skulle innebära
wrongness spelade ingen roll .
Om ett barn hade ringen , vad skulle du lära dem ? Skulle det finnas
något de ... JF : stå över lagen , ett steg över lagen . skulle
de saker som fortfarande skulle vara fel , även om du alltid kunde få
bort med dem ... Det skulle vara fel , ja , men om du kunde komma undan med
det , skulle du vara ett steg över lagen . Då är det okej? Det är
okej , ja .
(FALL 2 .)
För vissa skulle ringen få resultat som var bättre än " alla
höger ". Det skulle vara en fantastisk möjlighet .
Om vi hade en ring som gjort oss osynliga , skulle det finnas en anledning till
bry sig om rätt och fel ? Eftersom du kan fortfarande ha en bra
liv , eftersom du skulle aldrig fastna ? N.B : Det skulle vara min perfekta
dröm, skulle det. Det skulle vara din perfekta dröm . Det skulle , ja .

Om du precis gjorde något , kunde ha något ... Och skulle du göra det ?
Jag skulle, ja .
Om du kan få ett bra liv genom att göra saker som är fel , eftersom
du kan inte fastna , så det skulle vara några problem ? ... Jag tror ,
eftersom jag visste att jag kunde komma undan med det , men kan du använda ringen
på ett sätt där man kan inte bara göra fel saker , men får ett bra liv
ut med ringen också? Ö.k , hur skulle du använda ringen för en
gott liv ? Um , hus , bilar , båtar , semester . Det skulle ta
dessa bilar och båtar och saker , skulle det? Ja, skulle du vara ,
ja.
(BLACK 3 .)
Men inte alla delade den allmänna entusiasmen för ringen . One
tänkte samvete skulle ändå fungera .
Om vi kunde bli osynlig ... vi skulle inte ha någon anledning att bry sig
om att respektera andra människors rättigheter , eftersom ingen skulle veta det
var oss . Vad tycker du om det? B.F : Er, jag tror att om du hade
ultimata psykopat utan samvete , då kan du komma undan med det ,
Ja. Men jag tror inte att det finns någon här som ... Jag kan inte föreställa mig ,
kanske det finns , att det finns någon vars samvete skulle tillåta
dem att komma undan med det . Eller , jag vet , det låter , om du var i
den typ av position där du vill göra det , hm , jag skulle gissa att
du skulle inte bara vara nöjd med att göra det .
(Fellows 3 .)
AMORALISTS ?
I intervjuerna med (omfattande men inte universella) entusiasm för
de befriande effekterna av ringen av Gyges föreslår någon affinitet
med den hänsynslösa egenintresse av enkla amoralism . Detta utrustade med
förväntningar jag hade , baserat på stereotypen om " saknar en
samvete " . Men , mot det stereotypa , deras utsikter passade inte
den konceptuella kärna amoralism : misslyckandet att förstå , eller
förkastande av , vokabulär moraliska begrepp . För det mesta ,
de inte hade övergett (eller misslyckats med att förvärva) den moraliska vokabulär
rätt och fel , gott och ont , rättvist och orättvist . Och vissa moraliska
begrepp och tankar i synnerhet var djupt inbäddade i
utsikterna för många av dem.
Rättvisa och respekt RÄTTIGHETER .
Bland de moraliska begrepp som hade ett starkt grepp om de flesta av dem
intervjuade var rättvisa och respekt för människors rättigheter . Ibland
respekterar rättigheter var kopplat till att låta människor leva sina egna liv
och rättvisa sågs som lika behandling . Dessa kombineras i tanken
att olika grupper , till exempel kvinnor och män bör vara lika fri
att leva sina egna liv .
ZC : I min systers fall , jag önskar att hon ville föda barnet ,
eftersom jag gillar att ha gott om syskonbarn . Men det är inte upp
till mig . Jag menar , jag kan inte gå och berätta för min syster - oh , gå på , har du
barn , vare sig du vill det eller inte . Jag kan inte göra det . Det är upp till min

syster . Det är upp till den enskilde . Så en av dina värderingar är respekt
individer ? Vilka andra värden tror du att du har ? Vem , jag? Ja.
Värden , va ? [lång paus] Jo jag talade med en psykolog en lång tid
sedan . Jag tror på - Jag tror att kvinnor bör vara så lika som
män. Jag tror att kvinnor bör ha rätt att göra det jobb de män
gör- det bör tillåtas att göra det också. Om de är bra på det ,
de ska få göra det . Jag tror också att kvinnan -I
menar, om kvinnan går ut och har massor av sex med män, vissa män
skulle kalla henne för slampa . Men jag håller inte med om det . Män gillar att gå och
har massor av sex med kvinnor , så en kvinna ska få ha
massor av sex med män . Är det en fråga om rättvisa ? Det är , ja . Vad
är rättvisa ? Vad innebär det att vara rättvis eller orättvis ? Jämställdhet på
alla. Vad de än får vara , bör de andra vara
få leva .
(CRINOS 4 .)
Ibland oro för rättvisa och för rättigheter var kopplad till
fantasifull medvetenhet om hur andra kan känna när de behandlas orättvist
eller när deras rättigheter ignoreras . Den man vars samvete skulle inte
låt honom komma undan med att använda ringen för Gyges vädjat till fantasin
här.
Att ta bilen för att få mat , vad skulle du göra om det fanns en
brist på lokaler och det fanns en funktionshindrad utrymme , skulle du parkera i
funktionshindrade utrymmet ibland eller inte ? B.F : Nej, inte alls ? Inte alls ,
nr. Varför inte ? Er , eftersom det finns särskilda skäl . Handikapp har
problem med rörlighet , och du vet att det skulle vara något som hindrar mig
parkera långt bort och gå med shopping ... men vissa människor
ha
en .. behöver rullstolar, vad som helst, för att komma runt ... eller rullatorer , så jag
skulle inte , skulle det vara mycket orättvist , um ... Orättvist ? Ja , om alla potentiella
funktionshindrad person som ville använda den . Ja. Hur bestämmer ni vad som är
rättvist och vad är orättvist ? Um, jag antar att en del av det är ner till , skulle
det orsakar lidande , skapar problem för någon? Ja. Och , öh, du
vet , det är att titta på fördelar och nackdelar med varje beslut antar jag , öh, ja
det skulle spara mig tid och ansträngning om jag parkerade där men mängden
ansträngning och tid en funktionshindrad person skulle förlora skulle kraftigt uppväger
det. Så det är delvis en sorts största lycka för största möjliga antal
sortens fråga, (eller minst elände) ? Um, delvis , men det är inte bara bara
det. Nej Vad är det ? Um , jag antar att det är delvis vad jag tycker om
det ändå. När du säger " hur du känner " vad har du i åtanke ? Um ,
och jag antar att någon har upplevt någon gång funktionshindrade
ignoreras , deras rättigheter ignoreras , och det sätt som kan göra
dem att känna sig . Och om du är riktigt glad att bara stå ut med det, då ,
öh, du förmodligen inte kommer att ha så mycket av ett problem med hjälp av sina
parkeringsplats , men , öh, om du inte , då ...
(Fellows 1,2 .)
Men denna vädjan till fantasin var sällsynta. För de flesta andra intervjupersoner ,

medan respekt för människors rättigheter var viktigt , var det inte
särskilt kopplade till någon empati eller sympatisk känsla för människor
vars rättigheter är över ridit .
Tycker du att det är fel att parkera i en handikappad rymden ? Ö.A : Ja, det gör jag .
Varför är det fel ? Eftersom det kan finnas någon som kommer in för att använda
det utrymme som är inaktiverad och kan inte parkera där . Det är inte vad jag skulle
göra . Är det för att du tycker synd om den funktionshindrade ? Nej , det är
eftersom funktionshindrade har fått rättigheter precis som vanliga människor . Ja,
det är bara att respektera deras rättigheter ? Ja , jag respekterar deras grundläggande
rättigheter .
(ADDISON 1 .)
Det är värt att utforska denna starka engagemang för rättvisa och
respektera rättigheter , men som inte härrör från fantasifull sympati
med dem orättvist behandlad . Det är ett dominerande inslag i denna moraliska
landskap . Var kommer det ifrån?
KÄLLOR moral UTAN sympati.
En intervju tog fram ett motiv för att respektera människors rättigheter som
ekade Humes vädjan till stabilitet och andra fördelar som kommer
från tysta ömsesidiga konventioner att respektera varandras egendom .
Q.A : Det finns ingen stjäla alls . Jag har aldrig hört talas om en patient
stjäla från en annan patient på sjukhuset . Varför tror du att
är ? Tja , jag antar att de respekterar varandra . Jag har en teve , jag har en
undulat , en Walkman - allt den typen av saker . Och jag lämnar min dörr öppen .
Varje patient har redan fått samma typ av saker . De gör lite
för att byta , mygel mellan varandra , men de har inte
går att stjäla från varandra . Du nämnde om att respektera varje
andra . Har du respekterar människor mycket ? Jag respekterar människor , om de
pratar med mig
och behandlar mig OK . Om de inte gör det , jag bara ignorera dem . Jag kommer inte
att ha
inget att göra med dem . Jag vill inte ha något att göra med någon
bråkmakare eller nåt sånt nu ...
(ASH ? 7 ? 8 .)
På sjukhuset verkade det finnas ett antal tysta konventioner som
gick längre än respekt för egendom .
På sjukhuset här är det en slags moralisk kod som människor lyder
om vad du gör med varandra , hur man behandlar varandra och så vidare ,
eller inte ? Finns det saker som de flesta patienter skulle hålla hade fel
när någon person gör det till en annan patient? J.Q : Ja, jag tror det.
Det finns inget faktiskt sagt eller skrivit ner , men det är typ av
allmänt accepterat att , utan att någonting någonsin sagt , om vad som är
och vad som inte görs . Vad skulle du säga är de saker i det moraliska
kod? Um, menar jag , liksom , homosexualitet , i privata OK , offentligt, nej .
Saker som att , du vet ...
Det är en sorts accepterad regel att du inte frågar folk om deras
historia eller något liknande.

(SLÄNG , 12-13 .)
Tillväxten av ett sådant avtal kräver en uppfattning om vad andra
sannolikt vill och hur de sannolikt kommer att bete sig som svar på
tyst samförstånd hålls eller bryts . Men att ha empati för ,
eller bry sig om , andras känslor är inte nödvändigt. Detta
strategi är i bästa fall ett minimalt steg bort från egennyttiga
amoralism .
Sympati är inte den enda vägen bort från amoralism . De flesta människors
moral utsikterna kommer från en mängd olika källor. Vissa är kopplade till
deltagande och vissa inte. I intervjuerna tre element inte
kopplat till sympati spelade en stor roll . En är vad som kan kallas
"Kommandot moral " . De andra två är versioner av rättvisa , ett baserat
på vad som kan kallas " primitiv jämlikhet " och den andra utifrån vad
människor förtjänar .
COMMAND moral.
Ett exempel på kommando moral finns i auktoritära versioner av
religion : " detta är fel därför att Gud har sagt så , och det finns inget utrymme
för vidare diskussion . " En annan version är den attityd många människor
måste lagen i det landet : " det är inte min sak att bedöma om det
skäl för en lag är bra eller dåligt ; detta är olagligt och så det borde
inte göras " . Immanuel Kants frasen " den moraliska lagen " framhäver
paralleller mellan hans sekulära moral och både gudomlig och
Parlamentariska lagar . Några har klagat på att hans inställning har en
dolt beroende av idén om en gudomlig lagstiftare dessa kritiker tror
fortfarande lurar bakom förment sekulära moraliska lagen . Och titta på
religiös moral själv , Freud berömda såg , lurar i sin tur bakom
den gudomliga lagstiftaren , kommandon och tillrättavisningar av ett barns faktiska
far. Den gudomligt inspirerade " samvetets röst " var enligt honom
den internaliserade eko av skuldframkallandeföräldrarnas röst .
Ingen av de intervjuade nämnde Gud eller gav religiösa skäl
stöd för sina moraliska övertygelser , och det var bara en av dem som
även kanske har hört talas om Kant . Oavsett sanningar eller illusioner bakom
dess olika teoretiska versioner , kommando moral var en närvaro i
intervjuerna . Föga förvånande , föräldra kommandon var det viktiga
sådana, som i fallet med den man citerade ovan som trodde mobbning och
svära var lika fel :
Varför svär fel? C.Q : Jo det är precis så som jag kom
upp , inte svära på människor . Det är hur min mamma och pappa uppfostrade mig ,
du vet . Vi fördes upp vad som var fel och vad som var rätt
och det vet du . " ...
(Quigley, 1,2.)
Andra antydde föräldraansvar som skäl för att hålla
särskilda övertygelser. I ett fall var detta i kombination med drottningen
är central för en del av sitt innehåll . Möjligen är uppvuxen med
ett kommando moral uppmuntrar en allmän vilja att skjuta till de
anses ha auktoritet .

LN : Jag tror att dödsstraff för vissa brott bör vara
obligatorisk. För vilket brott ? Mord på barn , mörda folk
under åldern av 16 , er, mordbrand med avsikt att fara , mordbrand av hennes
Majestäts egendom , mordbrand , liksom mordbrand på en plats där kronans
vid hot ... Om jag skulle [vara in] Portsmouth och försöka sätta eld på en
av hennes majestäts fregatter jag borde hängas för det . För att det är mordbrand
av hennes Majestäts bryggor .
Jag antar att det du sa som förvånar mig mest är grejen
om " människor borde avrättas för mordbrand av hennes majestäts
egendom " . Det får det att låta som om , om någon är i fängelse och
de satt eld på en av papperskorgar , det är hennes majestäts
fängelse ... Det var inte mordbrand . Jag menar som tände eld på , som att försöka
sätta
eld på , säg, Kensington Palace , satte eld på Buckingham Palace ,
Clarence House , Glamis Castle . Varför gör det någon skillnad om det är
en av dessa palats snarare än bara ett hyreshus ? Eftersom det är
drottningens egendom , drottningens egendom . Vad är speciellt med
Queen? Det är så jag växte upp , respektera kronan , respektera
enhetlig , respektera den kungliga familjen . Om jag säger att jag inte är så intresserad
av
respektera den kungliga familjen , kan du ge mig en bra anledning till varför jag
ska? Var skulle du vara utan dem ? .. Jag skulle säga till dig , du måste
titta på det , utan drottningen du inte kommer att ha ett anständigt sätt att
levande ... Jag ser på det, jag menar , hur jag har vuxit upp , drottningen ,
hur kan jag uttrycka det , är drottningen nummer ett person, du vet vad jag
menar , efter dig själv . Du vet vad jag menar , har du själv , och
så ska du respektera monarkin eftersom monarkin avseenden
du ... [A] bra exempel är prins Charles . Han är involverad i
bevarande , han är involverad i konst ... Han är inte som , trots att han är
kunglig , kommer han att ta tid att sitta , prata med dig , och förmodligen förstår
dig bättre än dig själv , förmodligen . Jag är inte säker på att jag tror att han
förstår mig bättre än jag själv , men .. Men han har mer
erfarenhet ... Jag vet inte , det är precis som jag blivit uppfostrad .
(NICHOLSON 5 , 6 .)
Denna respekt för auktoritet ibland i kombination med idéer om
lojalitet till ditt eget land . Resultatet blev ett " mitt land rätt eller
fel " tro på ovillkorlig lydnad till de krav som patriotism .
Vissa människor säger att ett problem med armén är att du måste
lyda order , ibland dödar människor om det finns ett krig , och det kan
inte vara rätt att göra som alltid . Ö.A : För att försvara ditt land , ja , också
rätt det är . I krig , är det rätt ? Ja, det är självklart. Du är inte
bara försvara ditt hemland , du försvarar kvinnorna , de
barn , människor i den. Du försvarar sin rätt att vara fri . den
tar två sidor för att göra ett krig , och den ena sidan försvarar och den andra
sidan attackerar . Kan man alltid lita på vår sida för att vara de som
försvarar ? Om du är brittisk , du står för Storbritannien , oavsett om det är

rätt eller fel . Du är en del av detta land . Om Storbritannien säger: " Right ,
Jag är i krig med detta gäng " , du behöver inte argumentera . Du bara säga , " Fair
nog " och " Låt oss gå att göra det vi måste göra " .
(ADDISON 5 .)
Rättvisa som primitiva JÄMSTÄLLDHET .
En annan källa till moraliska övertygelser som inte är beroende av sympati är den
känsla för rättvisa . En version av denna är den oro är för lika
behandling. De flesta föräldrar känner djup passion som ojämlikheten väcker
hos barn. Vid en väldigt ung ålder , skulle det kunna kallas " primitiva
jämlikhet " verkar vida. Alla som har tre barn och
tre bitar av kakan , och som distribuerar dem på något annat än vägen
det uppenbara , kommer snart över passion om det .
I ett antal intervjuer , det starka stödet för likabehandling
verkade relaterade till denna primitiva jämlikhet . Det är slående att man
hänvisning gick tillbaka till barndomen , när ett barn fick ficka
pengar och en var inte .
OBS : orättvisa kan vara , um , gav min mamma mig fickpengar men inte min
syster . Det är orättvisa också. Så rättvisa är att behandla människor med
Samma ? Ja , som ska behandlas på samma sätt den andra personen ... Så jag skulle
ge dig
£ 1,50 och jag skulle ge den andra personen £ 1,50 så det är lika så det är rättvist .
Han blir inte mer än du .
(BLACK 10 .)
OPARTISKHET SOM VAD folk förtjänar , och vedergällning .
En version av rättvisa handlar om vad människor förtjänar : att människor
bör belönas eller bestraffas , skulden eller prisade , enligt vad
de har valt att göra . Den djupa orättvisa i oförtjänt straff
var ett tema i flera intervjuer .
Vad är rättvisa och vad är orättvisa ? N.B : Orättvisa är som när
någon får skulden för något de har faktiskt inte gjort . Jag har varit
skulden för saker som jag faktiskt inte har gjort och det är orättvisa ,
Det fanns också en stark känsla av orättvisa när andra inte hade gett
dem det stöd och lojalitet som de trodde att de förtjänade .
Tror du att du kommer att se något av din familj , eller är de verkligen
ur bilden ? Q.A : Tja , jag har bara en syster kvar . Jag var i
Rör med min fru förra året eftersom min son dog . Jag tror att den sista
gång jag hör från min fru var 16 år sedan , och det tog min son för att dö
för henne att vara i kontakt med mig . Jag åkte hem till henne för dagen
efter begravningen . Ett par månader senare åkte vi hem . personalen
tog mig ut för att besöka min fru för dagen och jag och min fru gick upp till
graven . Sedan gick vi tillbaka till lägenheten och hon sa , " Jag har allt
färg och tapeter och allt som inomhus redo för när du kommer
hem " . Jag sa , " Jag kommer inte hem " . Efter 16 år , har hon inte varit
i kontakt med mig och eftersom min son dog och hon är på sin egen nu , hon
ville ha mig tillbaka . Efter 16 år , när jag har blivit inlåsta . Det är inte
rättvist .

(ASH 7 , 8 .)
Betydelsen av vad folk förtjänar inte bara något som
dykt upp i samband med oförtjänt skuld eller överges i sin
egna liv . Det bildade en stor del av deras tankar om mer allmänna
frågor. Till exempel en föreslagit att, medan dödandet från
Kray tvillingar var inte motiverade , de var åtminstonemildras av den
trodde att deras offer kan ha fått vad de förtjänade .
J.F : The Krays endast dödade sina egna. De ville inte döda oskyldiga
människor. Jag förstår. Vem gjorde de döda ? De dödade Jack " The Hat " McVitie
och George Cornell . George Cornell var med Richardsons . Den
Richard brukade tortera folk och George Cornell var alltid
ropade hans mun bort om Ronnie Kray , kalla honom en fet poff och
det och detta företag , säger att han inte var rädd för Krays och
att de är ponces och ropade hans mun av. Och han arbetade med
Richardsons och han var en gangster själv . Så Ronnie Kray sköt honom i
huvudet. Han bara dödar en annan gangster . Och Jack " The Hat "
McVitie - Han skulle vara med Krays men han var alltid
ropade hans mun bort att han skulle få Krays ... Han sköt ett
kvinnan ur bilen och hon hade sin ryggrad bröt och hon kunde inte gå
igen och de Krays var tvungen att leta efter henne . De gav pengar så att hon
skulle kunna bli bra ekonomiskt , och detta Jack " The Hat " McVitie var
orsakar inget annat än problem . Han gjorde de Krays på pengar och
Han ropade hans mun av. Så Reggie dödade honom . Han knivhögg honom till
död. Betyder det gör det okej att döda honom ? Det gör det inte
höger , nej , men han bara dödat fel personer . Han dödade inte oskyldiga
människor. Hur är det med människor som dödar oskyldiga människor ? Vad gör du
tror ska hända? Det är illa. Jag tror att de skulle hängas .
(FALL 4-5 .)
Det fanns en hel del stöd för dödsstraff .
Varför ska vi tro det okej att döda någon för att de har
begått dessa brott ? L.N : För att det är omänskligt att göra vissa
sånt . Jag ser på det så , det är en av mina åsikter ,
vem som helst som kan skada ett barn ... förtjänar inte att leva . Det är bara min
åsikt , som jag har blivit uppfostrad . Jag menar om du skadar ett barn ,
- boom - du vet vad jag menar, det finns straffa ett barn och sedan
det är bara att gå ut ur ditt sätt att skada ett barn . Det är av
ordning. Vissa människor säger att två fel gör inte ett rätt . Att det är
hemskt att döda ett barn , men det är också hemskt att döda den person
som dödade barnet ? Du håller inte med om det? Det är bara så
Jag tog mig upp , verkligen , vet du vad jag menar . Även om jag är
en hängiven katolik , jag tycker fortfarande att pedofili är det värsta brottet i
världen , och det finns bara en mening för det - död ...
(Nicholson , 5 eller 6 .)
Ibland de bärande skäl var påfallande ytlig , men detta
skulle kunna kombineras med en stark känsla av orättvisa i oskyldiga
människor avrättas .

OBS : Jag tycker att allvarliga brottslingar bör verkställas. Varför tror du att det ? Um, jag tittar bara på England . Det finns inga utrymmen , det finns fångar överallt , det finns kriminella som hänger runt och det , och jag tror att om det fanns utförande då , mer utförande än normalt , tror jag det skulle vara en mer tystare värld att leva i. En del säger att en av problemen med verkställande människor är att människor som är oskyldiga ibland felaktigt bli dömd . Ja , jag tror det , OK yeah, tror jag då lagen bör se till att du har 100 % bevis före avrättningen . Ja , men du kan inte alltid få 100 % bevis. Nej , det kan du inte . Vissa människor skulle säga , "Ja , om det skulle enormt minska mordet takt , strunt om några människor blir avrättade eftersom färre människor dör övergripande " . Skulle du säga att det är rätt , eller tror du att det är fel? jag tror att det är fel . Varför ? Därför att de är bara döda oskyldiga människor . Så de hamna mördare själva . Så det är orättvist ? Yeah .
(BLACK 10 .)
Ibland idéer om vad som gjorde att någon förtjänar avrättning var bundna upp med ett nätverk av andra särskiljande moraliska åsikter.
OA : Om en man mördar en människa , då , så vitt jag ser det, det är acceptabelt , eftersom en människa kan försvara sig . Om någon attackerar en man framifrån , eller två män har en kamp och en av dem dör , någon som slår honom och han faller ner och dör , det är acceptabelt eftersom de har haft en kamp och av misstag någon har dött . Om du går ut med avsikt att döda någon , så ska du förlora ditt liv .
Om du dödar ett barn ska du förlorar ditt liv .
(ADDISON 8 .)
Ibland , men sällan , stöd till dödsstraff var kopplad till ånger om personens eget förflutna och sympati för sina offer .
Vissa människor tycker att det är fel att ha dödsstraff . Vad gör du tror ? QA : I vissa fall ja , och i vissa fall - nej . vilka ärenden skulle vara " ja " ? Det har varit oskyldiga människor el - ordförande och skyldige har visat sig senare . I våldtäkt bör det finnas björk - ge dem björken , eller katt - i - nio - svansar - i fråga om att våldta . i Vid sexuella övergrepp på barn , samma och de bör vara kastrerad . När det gäller faktiskt mord , skulle jag hålla med hängande . Jag har dödat två gånger - två personer , och jag aldrig glömma det . Jag gjorde inte bara
skada dem . Jag skadar sin familj mentalt , inte fysiskt men psykiskt , och deras nära och kära .
(ASH 5 .)
Ett starkt engagemang för vedergällning och öken kan leda människor i olika riktningar . Den oro för utförandet av oskyldiga människor ledde en intervjuperson att avvisa dödsstraff , även om han tänkte också att om någon förtjänade att bestraffa , en privat våldsam reaktion kunde motiveras .
LF : Säg att du har någon som är ... slå upp och burgling , slå upp gummor och tar alla deras pengar . Polisen har inte fått nog

bevis för fällande dom och de sitter där kör dessa trevliga
motorer och kasta alla dessa pengar runt och sånt , och
då skulle jag inte compun ... ingen skuld om , er, ta pengar av honom eller
stjäla bort honom , eller vad , ljuga för honom eller , vet du vad jag menar ,
eller attackera honom ...
Tror du att det bör finnas dödsstraff ? Nej, varför inte ? Tja ,
det beror på. Om du erkänner det , och det är definitivt rätt att de gjorde
det , då kanske , men du har alltid dessa fall där oskyldiga människor ...
Ja , så du inte skulle avrätta människor eftersom de kan vara oskyldiga ?
Nej , det gör jag inte , nej , förmodligen inte , nej .
(Farleigh 4 , 10 .)
Mönster.
Tre teman sticker ut : moralisk ytlighet , dominans
egenintresse över fantasifulla omtanke om andra , och en moral
betonar rättvisa och rättigheter , men återigen med rötter inte i
empati för andra. (Detta är de dominerande intryck , men jag har
citerade kommentarer av vissa människor som går mot var och en av dessa
generaliseringar.)
Den ytlighet är uppenbart i trivialitet av några av de föreslagna
moralisk undervisning om att låta kvinnor genom dörren först , eller svära
vara så illa som mobbning . När några skäl gavs , visade de
få tecken på omtanke eller av någon känsla av vad som verkligen betydde något
till andra människor . Dominansen av egenintresse är uppenbart i
välkommen till ringen av Gyges , förutsatt att det fungerar. dessa två
faktorer som tillsammans kan antyda en grupp amoralists som inte har någon
riktig föreställning om vad moral handlar om .
Men denna bild av den platta amoraliska landskapet är som mest en halvsanning .
Vad går emot det är mycket synlig häll av moraliska begrepp
samlade kring idéer om rättvisa och vad människor förtjänar . Det är ett
moraliska landskapet , men en smal och svår . I ett fåtal endast av de män
intervjuade , föreställningar om rättigheter och jämlikhet växte fram ur en oro
för andra människor att kunna leva sina egna liv , eller ut ur
föreställa sig hur funktionshindrade människor känner när deras rättigheter trampas på .
För de flesta av dem , fantasifulla omtanke om andra var inte centralt . Den
betoning på primitiva jämställdhet och på vad folk förtjänar tycktes
kom ganska omgående från tarmreaktioner, oförmedlad av mycket eftertanke
om dem . De idéer om vad människor förtjänar ofta kopplade till
sina egna känslor av att vara orättvist behandlad när förnekade lojalitet
de trodde att de förtjänade för saker som de inte hade gjort . I
de flesta i gruppen , verkade denna konstellation av idéer i hög grad
oberoende av empati eller sympati .
Återigen är ytlighet slående . Detta kommer ut i betydelsen
fäst vid drottningens egendom och i tron på acceptansen av
" Attackerar en man från framsidan " . Den kommer ut på att se någon
orsakar problem och " ropade hans mun off " som en allvarlig
lindring av wrongness av mordet . Den kommer ut i att ge som en

Anledningen till att stödja dödsstraff som " Jag bara tittar på England .
Det finns inga utrymmen , det finns fångar överallt , det finns kriminella
hängande runt ... " . Allt detta har samma trivialitet som att låta kvinnor
genom dörren först och tro på allvar wrongness av
svära . En del av ytlighet kan komma från att tas upp med
ett kommando moral, som inte handlar om att föreställa sig hur människor känner . Inte heller
betyder utvecklar tankeväckande reflektion . I stället uppmuntrar en
tillvägagångssätt , till exempel för att moral krig , omedelbar och
okritisk lydnad : " Om Storbritannien säger: " Jag är i krig med detta gäng " ,
du behöver inte argumentera . Du säger bara , " Fair enough . " . "
KAPITEL TRE : barndom och EFTER .
När intervjua folk , det gjorde jag inte införa antingen deras brott eller
sin barndom . Men de ofta upp en eller båda av dessa frågor .
Det blev tydligt att många av dem såg ett starkt samband mellan
två . Det började verka viktigt att titta närmare på deras
meningen att deras våldshandlingar var kopplade till en katastrofal
barndom .

1 . BARNDOMavstötning .
LF : Jo , jag visste att det var fel , um , men det fanns en hel del , jag är inte
slags förmildrande , men , jag var gifta nästa dag och ... det är en
lång historia egentligen . När det går bra , jag slags alltid ,
muck 'em up , röra upp dem . Vill du berätta hur det gick till , eller
inte ? Tja , jag var tvungen att gå och få min kostym , och det fanns olika saker
vi var tvungna att betala för . Flickvän som pågår om det här som och
andra och vad vi , vad som behövde betalas för , pengar , räkningar , och inte
bara räkningar men som för detta bröllop och så. Och jag gick ut och jag
gjort ett inbrott , och när jag var där jag såg alla dessa bilder , alla
dessa lyckliga familjer som du vet , och um , krossade platsen upp och ställa
eld på den. Var det bilder av lyckliga familjer som utlöste
det ? Er , ja , jag tror det ja. Var det för att du kände att du hade inte
hade en lycklig familj ? Jo jag vet att jag har inte haft en lycklig familj . Men det är
bara hela mitt liv allt har alltid gått fel , det bara känns bra
detta är bara hur det är . Men när det går rätt , jag vet precis
att det bara kommer att gå .. "
(Farleigh 6 .)
Projektet fortsatte att handla om moral och värderingar i
intervjuade , men det tog på en extra dimension . Hur hade deras
barndom formade vad de brydde sig om , och hur i sin tur gjorde det
formning bidrar till deras asociala våld ?
Många av dem beskrev barndom där de visade lite kärlek .
Varför kom du inte vill vara hemma ? Ö.A : Eftersom jag inte var älskad . Det
var nio av oss i familjen och det var bara min mamma . Min mamma
kunde inte ge kärlek till oss alla och jag var kvar ute . Inte med flit , men

Jag kände att jag var och jag kände mig oönskad , men jag har alltid velat vara med min mamma
eftersom det är där ett barn ska vara . Så jag alltid vill vara
med henne, men när jag var med henne jag inte var älskad . Så jag ville inte
vara med henne när jag var , och när jag inte var jag gjorde .
(Addison 3 .)
Ibland deras familjer var våldsam . Ibland var de tog upp
av föräldrar som bestraffade dem allvarligt . Ofta var de fysiskt eller
känslomässigt missbrukas . Det gemensamma temat var känslomässigt avvisande .
IQ : Jag växte upp tills jag var sju i en mycket våldsam familj . Ja,
där vapen användes och sånt ... [Mamma] var
likgiltig verkligen , du vet , det var en mycket instabil relation ... Jag
minns många gånger polisen kallades för att stoppa henne antar jag vad
du skulle ringa nu inhemska tvister och sådant så där, men det fanns
några ganska extremt våld från gång till gång , vet du . Det fanns en
kniv som används vid ett tillfälle , en förskärare , en bricka , den gamla stål
brickor . Hon collared min gubbe med en bricka och han kastade koppar om och
sånt , och så vad jag skulle göra när det inträffat , jag
brukade ha två eller tre utrymningsvägar och använda en av dem en hel del .
(Questor , 4 , 5 .)
II : Så en av de få tillfällen med min mamma , och att vara hemma med
mina äldre bröder , jag var oftast straffad för att göra något fel . jag
var aldrig riktigt fått någon uppmuntran eller en kram för att göra något
rätt ... Vi fick inte leka i trädgården , men om han någonsin kom
hem från jobbet och vi var (och , naturligtvis , är det bara jag tänker
att det är jag få det i nacken hela tiden) , men jag brukade vara
pekas ut , som om jag var något sätt ansvarig för fotbollsmatch i
gården , och det skulle vara jag som skulle straffas - behöva gå till
säng tidigt , straffåtgärd för vedergällning . Den används för att ingjuta skräck
rädsla i mig .
(IBBOTT 2 , 3 .)
LJ : Jag blev misshandlad , sexuellt och fysiskt misshandlade , hela tiden . och jag
var på sjukhuset i elva år med polio och de bara kom för att se
mig en gång .
(JACKSON 3 .)
Rutter från FÖRKASTELSE till våld.
När de beskrev sitt våld från insidan , vad de sa
föreslog två olika sätt på vilka deras katastrofala barndom
kan kopplas till den . En väg skulle spåra tillbaka till sin barndom
skapandet av behov , önskningar och känslolägen så starka att
väldiga antingen egenintresse eller moraliska begränsningar . Den andra
skulle se sin barndom avvisande som dvärgväxt tillväxten av
moralskyddensjälva.
Titta först på den överväldigande av egenintresse och moraliska
begränsningar , framkom två förslag på kausala konton . Ett är att de
svarade på barndomen avslag med ilska , vilket kommit till uttryck i

våld . Det andra är att deras upplevelser i barndomen lämnade dem med
otillfredsställda känslomässiga behov , som de försökte tillfredsställa genom deras inbördes
grupp genom att vinna erkännande för sin seghet och våld . Om till
någon grad de hade kunnat utveckla de mänskliga svar
sympati och respekt , dessa var inte tillräckligt för att skydda deras offer .
Sådana moraliska resurser som de hade var överväldigad av styrkan i
sin ilska och sin hunger efter erkännande .
Deras konton föreslog också att en del svar till barndomen
avvisande hämmade utvecklingen av de moraliska begränsningar
själva. Ett svar var att odla en defensiv skal , som delvis
var ett medvetet undvikande av sympati för andra. Ett annat resultat av
det sätt de behandlades var att en del gjordes för att känna sig skyldig .
Detta , tillsammans med den allmänna bristen på erkännande , inte hjälpa dem
utveckla en god känsla för sin egen identitet och värde .
. 2 väldigande de moraliska begränsningar, ilska och känslomässiga behov .
Ilska.
Den enklaste kausala väg från barndomen avvisande till våld går
genom ilska. En arg efterfrågan på uppmärksamhet kan uttryckas i
barndom självt.
IQ : Och så jag inte fick någon kärlek , och det faktiskt fick mig
eftersom den första dagen jag togs till skolan med min mamma , och sedan
efter att hon faktiskt lämnat mig för att komma hem och så. Och jag kunde inte
förstå varför alla andra föräldrar kom och plocka deras
barn upp ... Varför inte jag få plockas upp ? .. Det är vad jag måste ha känt ,
eftersom jag brukade , vid ett tillfälle jag krossade alla mjölkflaskor till
dra uppmärksamheten från alla de där andra människor .
(Questor 17 .)
Ett liknande behov ibland låg bakom ilska senare i livet och ofta är det
generaliserades utöver de som ursprungligen orsakade det .
Hade du en sorts ilska som du fick ut ? N.B : Um , ja . Varför
var du arg ? Um, eftersom jag kände ignoreras , kände jag mig ensam .
(BLACK 12 .)
OA : Jag brukade inte känna skuld för att jag hade för mycket hat inne
mig att känna skuld , mot vem som helst . Mot alla? Mot alla.
Även människor som inte har gjort något ? Även mot personer som inte har
gjort något för mig , ja . Varför tror du att det var ? Eftersom de hade
vad jag ville och jag hade inte det , så jag kände mig arg för att
de hade det .
(Addison 4 .)
Ibland föreslog sina konton som , i deras sinnen , offer för
deras vuxna våld stod för dem som hade missbrukat dem .
LJ : Mina effekter på andra människor måste ha varit fruktansvärt . från min
brott . Jag är i för våldtäkt . Ja. ... Jag har gjort en hel del tungt arbete i
grupper. Och den enda slutsats jag kan komma till på den tiden var att
killen var min bror och kvinnan var min mamma . Därför att den dagen jag

körde upp mot mina föräldrars plats eftersom jag skulle döda
dem. Och det är där mitt huvud var . Jag tänkte bara att utplåna dem
alla tillsammans. Jag trodde ilskan skulle försvinna då ...
Visste du bryr dig på den tiden om att såra folk eller inte egentligen ? Åh ,
yeah, brydde jag , ja . Det brukade skada mig väldigt mycket själv , när jag hade en
fin relation går och det delas upp. Jag förbannar mig själv desto mer
eftersom det var ner till mig . Det var aldrig ner till min partner . det var
alltid ner till mig ... Så du gjorde hand om andra människor och hur de
kände ? Naturligtvis gjorde jag , ja . Men ilskan ibland bara vann
det ? Det gjorde , det gjorde , det tog över . Det tog över , vet du . det var
henne , hon bara skulle lämna mig ifred . Din mamma ? Min mamma , hon
bara skulle inte lämna mig ensam , ett eller annat sätt . Och jag kunde inte, som
Jag sa , jag kunde inte prata med folk om det. Jag bar den hela tiden .
Det var sexuella övergrepp ? Ja , sexuella övergrepp . Även när jag inte var hemma ,
när jag lämnade hemmet och gick ner till London för att leva , hon var där
ibland . Jag kan vara i ett förhållande och gå igenom kanske en
svårt plåster , vilket skulle vara 9 tid av 10 ner till mitt fel . Och
skulle det vara henne , vet du . Hon skulle vara i ditt sinne ? Hon skulle vara i mitt huvud
.
Att säga att jag var usel , ska jag ta livet av mig , och jag förtjänar inte att
leva och hela resten av det och sånt ... När du - du
behöver inte svara på några frågor om du inte vill , men - när du
våldtog en person var att ilska , eller var det .. Det var ilska . Det var ilska .
Ilska mot din mamma eller ilska mot ... ? Ja , ilska mot , det
var min mor och min bror , i mitt huvud den natten .
(JACKSON 10 , 11 .)
Känslomässiga behov och umbäranden .
I etik och politisk filosofi , det finns en sträng av tanke
som säger att mänskliga behov bör prioriteras framför tillfredsställande
andra önskemål . Påståendet är att göra välbärgade människor bättre
bör stå tillbaka för att eliminera fattigdom människor som saknar
tak över huvudet , tillräckligt att äta , rent dricksvatten och grundläggande hälsovård .
Den
uppfattning har uppenbara överklagande , men frågor har uppkommit om hur man
dra gränsen mellan behov och annat som folk vill ha . Den
punkten är ibland att något behövs för något annat: en
hus är nödvändig mot , bland annat skydd mot
element och kanske mot rovdjur . En redogörelse för de behov som
bör prioriteras är att de är för saker , som mat och lite hälsa
vård , behövs helt enkelt för att överleva . Andra vill ha en mer generös
hänsyn till mänskliga behov , bland annat på de listobjekt som , även om de inte
avgörande för att överleva , behövs för en bra eller blomstrande liv .
Detta har också överklaga , men en kostnad kan vara suddig linjen
mellan vad människor behöver och vad de vill bara .
Kanske en del oskärpa av gränsen är en oundviklig konsekvens av
den mer inkluderande syn på behoven . Men en barndom av våld och

avvisande , som ses av de som upplevt det , är viktigt här. Som
vi har sett , den lilla gruppen intervjuade ingår så många vars förflutna
var så här . Det var ett barn i familjen utelämnas eftersom
det fanns inte tillräckligt med kärlek för att gå runt , den enda pojken aldrig samlats
från skolan och som slog sönder mjölkflaskor , aldrig den som ges en
kram men ofta orättvist straffad , den ständigt missbrukas fysiskt
och sexuellt och besökte en gång på elva år på sjukhus , den som
hade utrymningsvägar från familjevåld med stålbrickanoch
förskärare , och den vars mor var i hans huvud som säger att han var
ruttna och skulle ta livet av sig . Det är svårt att undvika tanken att
det finns mänskliga känslomässiga behov samt fysiska. För vissa
intervjuade , dessa behov var otillfredsställda , och detta bidrog till
våld . De preciseras en del av behoven .
BEHOVET AV ATT VARA NÅGON .
Ofta avslaget och förnedring genererade ett behov av erkännande
och respekt , ett behov som lätt till uttryck i våld .
Ibland skulle ilskan kombineras med detta .
QA : Med ilska , med hur kaxig jag brukade vara , med öl - det
kokade upp och kokade upp och jag var precis som ett djur . Människor var
rädd för mig och jag älskade det . Jag älskade det . Varför gjorde du älskar det ?
Jag vet inte. Det var dumt . Var det ett slags erkännande , respekt ?
Folk brukade gå " Hej , Quinn " . Jag brukade vara märkt . " Hej , Quinn . " " All
rätt , Quinn ? " " Ta en drink , Quinn . "
(ASH 9 .)
Även om min fråga sprang ihop erkännande och respekt , de är
värt att särskilja . (Hänvisning till SIMONE BATEMAN .) Kanske , å
två , är ett erkännande av mer grundläggande behov . Respekt har att göra med att ha
din status eller värde erkänt . Men QA här uttrycker ett behov av
något mer grundläggande än så bekräftelse : uppmanas att ha en
dryck , helt enkelt bli sedd alls i stället för att tittat igenom som
om obefintlig . En av de andra intervjuade börjar börjar
om status och ära , men när jag frågar om respekt , rättar han mig
och betonar erkännande , behovet av att vara en någon snarare än en
ingen :
IQ : Jag menar , jag var det en stor bravad sak, eftersom jag hade gjort en hel del
väpnade rån och jag aldrig fastnade . Så det fanns gott om pengar
om och snabba bilar och det , och jag levde , kan man säga ,
extremt i omkörningsfilen , mycket snabbt . Och jag kände att folk letade
upp till mig ... [Apropå när han var yngre] Och jag hade en hel del
våldsamma saker gjorda för mig , som inletts i Teddy Boys innebar dig
var tvungen att ha benen klippa och saker hände med knivar och grejer
så där ... Men för mig som var övermod , det var som hedersmedaljer ...
Du säger att du ville ha respekt . Är det rätt? Inte så mycket respekt ,
men jag ville ha ett erkännande . Yeah . Jag antar att jag kände mig , tänka på det , jag
kände att jag var ingen, men att vara med dessa människor , var jag någon.
(Questor 14 , 17 .)

Andra behövde vara i centrum av saker i stället för på
marginaler , och att vara väl känd eller att ha en kraftfull rykte .
II : Jag rånade kemister från tidig ålder (strax under 16) för många
år ganska framgångsrikt . Jag hade inga betänkligheter om vem köpte den , där jag
tog det ... Sen , alla dessa år sedan - Jag kände mig bra för att kunna gå
in i någons hus och det hela skulle kretsa kring mig - två
shilling för - och det gav mig en känsla av identitet . Jag var helt
väl kända inom området. Visste du att du behövde en känsla av identitet ?
Känner du att du gillade det ? Tja , jag inte vill minnas en tidigare
till det .
(IBBOTT 3 .)
OA : Jag brukade gå till nattklubbar söker slagsmål , söker
människor att kämpa för att förbättra mitt rykte . Jag brukade leta efter
folk som hade rykte , att ta sitt rykte ifrån dem och
lägga till den i min ... Jag brukade inte få mycket sömn eftersom jag var på
hastighet men jag byggde upp ett rykte om mig själv . Om det var en kamp ,
komma och hämta mig ... Var det rykte roligt ? Ja, det var nödvändigt
för mig på den tiden att ha det ryktet . Varför var det nödvändigt ?
Eftersom den livsstil jag ledde . Jag hade inte råd att få
trampas över. Jag hade inte råd med att människor tror att de skulle kunna ta P
ur mig så jag hade detta rykte och inget folk gjorde. Folk försökte men
Jag använde för att förstöra dem , så att folk inte försöker till slut , eftersom
de skulle veta vad som skulle hända . Så jag hade ett rykte .
(ADDISON 9-10 .)
Ibland behovet av respekt övergår i behovet av att göra något
som är värt från synpunkt på personen själv och
det är viktigt att bidra något till andra:
Vad skulle du vilja om livet av en läkare ? N.B : Um , kan du hjälpa
människor , blir respekterade . Du har en titel . Hej , Dr So och So . ni
känna sig viktiga och folk ser dig som , det är en läkare , jag behöver lite
hjälp , låt oss gå och se Dr XXXX . Känner du att respekt är något
du är lite ont om ? Um, jag , ja . Det känns som om jag inte är
tillräckligt viktigt för att någon eller något , och jag bara , jag tycker det är
på grund av hur mina föräldrar behandlade mig som ett barn . När ett barn
växer upp i tron att de är [inte tillåtet ? KONTROLLERA] att räknas för
nog , han , de går runt strävan efter uppmärksamhet , vilket är vad jag gjorde , jag
uppseende seeked ... Jag skulle vilja bli läkare , inte bara på grund av att
utan för att , um , jag har alltid gillat tanken på att vara en sjuksköterska , kirurg ,
läkare , som arbetar på akutmottagningar . Det är att hjälpa människor . Det är en
bra stark jobb att vara i. Det är bra lön , du möter olika människor ,
du hjälper folk , och du känner dig som om du har uppnått
något i slutet av dagen , när du går hem . Du vet att du har gjort
en hård dags arbete , och du har uppnått något . Du har hjälpt
någon ut .
(SVART 6 .)
Behovet av att vara nödvändig och önskvärd .

Förutom att behöva synas och ses upp till , människor behöver
obligationer med andra . Ibland är det bara en fråga om att ha en grupp
som ger en känsla av acceptans och tillhörighet .
Jag var intresserad av vad ni sa , om du inte har varit i fängelse ,
du har aldrig bott ... OA : svarta går runt i grupper . De flesta vita män
inte gör det. De flesta vita män gå med en eller två kompisar och sedan inte hålla
tillsammans, men svarta gör . När du är i fängelse , det är annorlunda . ni
hålla ihop. Du hittar människor från ditt område , du går till gymmet med
dem , kommer du att äta med dem , kommer du att kommunicera med dem . Du är
runt dem hela tiden . Det är en obligation där eftersom du kommer från
samma område ... så du blir goda vänner . Mer än så . Du blir
- Jag vet inte vad som är det ord - men du blir soul - kompisar ... Jag gick aldrig
in i armén . Jag har alltid velat . Men jag antar att det är så ... Varför
ville du vara i armén ? Jag har alltid varit ... Jag har alltid velat
gå i armén för att jag kände att det var något som jag ville göra . den
var ett yrke . Det var mer än så . Det var som att gå med ett gäng , jag
antar .
(ADDISON 5 .)
Men acceptans och tillhörighet är bara en del av historien . Det finns en
behöver något varmare : att behövas och ville ha .
OA : När får jag ut min äldsta - eller min äldsta - kommer att vara 18 , så
de kan fatta egna beslut om vad de vill göra . när min
barnen blir 18 , om de vill känna mig eller inte , det är upp till dem .
Det är deras beslut . Jag kommer inte att driva det på dem . Jag skulle älska att se dem
men de är vuxna . Har de hållit kontakten med dig ? Nej, endast den
äldst . Men det är sedan upp till dem . Det är deras liv . Om de vill
känner mig , det är bra . De har fått leva sitt liv på sitt sätt och
Jag vill inte vara - om de säger : " Oh wow ! Vi måste gå och se
Pappa " . Jag vill inte ha det . Jag vill att de ska säga , " Jag vill gå och se min
pappa " . Men du vill att det väldigt mycket om de gjorde ? Ja , det skulle jag . Ja,
Jag skulle.
(ADDISON 10 .)
När du ser tillbaka på den personen du var innan , vad tror du
du hade saknas? I.Q : Jag tror att den största är att behövas . Behöver
för mig själv , inte för vad jag var . Jag menar jag gick i puben , om jag hade en
mycket pengar , folk behövde mig . Eller jag trodde att de gjorde , men det var inte
fallet.
(Questor 14 .)
3 . Dvärgväxt TILLVÄXT sympati .
Childhood avslag skapat behov som överväldigade den moraliska
begränsningar . Men intervjuerna föreslog också att det hade hämmat
tillväxten av de moraliska begränsningar själva . Tillväxten av sympati är
kopplade till att vara öppen för andra : att vara lyhörd för dem och hur
de känner . Detta kan förhindras om reaktionen på avstötning är en
defensiva skal mot att skadas av andra. Och även om den
förmåga till medkänsla har utvecklats , förbittring om avslag och

andra gör ont kan leda till sympati för andra är avsiktligt
avstängd.
Rädslan för avstötning och försvarsmuren .
Flera av de intervjuade uppgav att de hade stannat kvar defensiv
barriärer på grund av en rädsla för att bli avvisad eller förlöjligade .
Jag är mycket tacksam för att ni talar om för mig så mycket om dig själv ,
om hur du tycker om saker och ting . Q.A : Tja , jag kunde inte år sedan , och
Jag skulle inte år sedan . Jag var i ett skal och jag skulle inte komma ut ur det
shell ... Varför tror du att du bodde i ett skal ? Jo jag tänkte att om
Jag kommer ut och blommade , skulle alla ha trott att jag var
rolig eller något .
(ASH 9-10 .)
Det är en förebyggande strategi som vägrar känslomässig närhet ,
förkasta andra människor först innan de kan skada dig igen med mer
avstötning.
I.Q : Ridicule kommer in i det också. Jag fick en hel del förlöjligande när jag
var ett barn ... Hur det är möjligt , jag vet inte, men jag vände från en
extremt tyst lugn person, rädd person, till en extremt
våldsam person . Du vet . Var det kopplat till åtlöje , det var att fly
från hån ? Ja, ja, " cos , när jag , efter att jag blev attackerad , jag
trodde att det ... Så egentligen var det en typ av försvar ? Oh, ja .
Efter att ha blivit förlöjligad , ha inte älskat så mycket ? Det stämmer ,
du bygger upp denna försvarsmur och du inte låter ingen eller inget
in i den.
(Questor 15 , 16 .)
En annan version av samma strategi är att göra saker som syftar till
alienera människor så att närhet inte erbjuds .
II : Jag har inte riktigt tillät mig själv på grund av en låg självkänsla att
uppskattar jag kommer att älska något eller låta något komma för nära mig
fall det gör ont ... Det finns alltid en risk för avstötning , att bli sårad . Var
att något som påverkat dig ? Visste du undvika relationer eller
inte ? Jag tillbringade 25 till 26 år i relationer som är mycket grunt . jag har
flyttas runt i landet , kända människor för ett par månader . En eller två av
det - om de har utvecklats till mer av ett känslomässigt band , jag har oftast
sa något eller gjort något absurt och vände dem bort från mig
som ett förspel till - bra , inte för nära för att jag inte vill vara
sårad av dig - och jag har väntat att genom att vara dum .
(IBBOTT 4 , 5 .)
Ibland kan ett undantag skulle göras till den allmänna strategi
förebyggande avslag . Ett erbjudande om öppenhet , en sällsynt spricka i
försvarsmur började i barndomen , kan leda till ett positivt svar
går emot de pessimistiska förväntningarna .
Var det en lång tid innan du hittade människor som du gjorde några känslomässiga
obligationer med ? I.Q : Um , oh , ja , ja , jag menar att jag hade en hel del
relationer. Vid ett tillfälle hade jag tre relationer som går på en gång .
Men jag tror att det var för att bevisa mig själv , visa att du vet att jag var

ville eller behövde en examen .... Jag har känt en ung dam , en dam , för
fyra år här och hon har gått vidare nu ... men vi slog relationer upp och
Jag blev ganska förvånad över att du vet , hur öppen jag var med henne . Jag menar ,
jag har
aldrig diskuterat mina brott med någon, särskilt patienter och det ,
och eftersom jag kände att förhållandet var att komma till rätta , satte jag mig ner och
säger titta , det är vad jag har gjort , du vet , jag tänker inte ge någon
ursäkter , det är så det är . Och jag väntade på ett avslag , och jag
fick inte det . I själva verket är det bundna ännu bättre och till den grad att
faktiskt fick vi engagerade förra julen . Du vet , det är hur stark den
var . Och jag var helt , tror jag , hela mitt liv du vet att jag har haft en
mycket avvisande hemma , och saker och ting , och jag väntade avvisande ,
så vad jag brukade göra , snarare än människor förkastar mig , skulle jag komma in
först .
(Questor 9 .)
Empati, sympati, SÄTTA PÅ BLINKERS .
Bilden av den klassiska Cleckley psykopat , som har viss defekt
som gör honom oförmögen att uppleva livet som en normal människa gör,
kan antyda en medfödd oförmåga att känna empati med offren för hans
våld . Bilden passar inte till de intervjuade gav
av sig själva. De ser sig själva som att ha förmågan att föreställa sig
de känslor av sina offer . Ilska eller en allmän ovilja mot
andra människor ledde dem i en av två riktningar. Antingen de var medvetna
för att såra andra människor , men helt enkelt inte bryr sig . Eller , undvek de
sin egen möjliga smärtor i den lidande de orsakats av
medvetet blanking ut medvetenhet .
Responsen av att veta , men inte bry sig var öppet beskrivas .
Du säger att du har ändrat din filosofi sedan att komma in här . I.Q :
Ja, ja . Vad var det innan ? Jag var en före detta cyklist och jag ska vara ärlig
med dig , det gjorde jag inte ett skit om något eller någon . Vad jag ville
Jag fick , sod konsekvenserna .
(Questor 4 .)
Har du en förklaring till varför du kom in i läget för
begå vad brottet var det ? F.L : Jag antar att det var något att
göra med när jag var yngre , vet du . Vilken typ av sak när du var
yngre ? När jag var barn , jag fick hit om och sånt . Hur
gjorde att få dig att göra vad det var du gjorde ? Gjorde det dig
arg , eller vad ? Ja , det gjorde mig arg mycket och jag hatade folk mycket .
När du hatade folk , gjorde du antagligen saker mot dem ibland .
Visste du hur de kände det , eller inte ? Jag antar att på den tiden jag
verkligen inte vård . Du visste men brydde sig inte . Är det rätt? Yeah .
(Loram 6 .)
QA : Jag alltid ärligt och verkligen trott oavsett vad jag sa var
höger - som det inte var . Det var inte . Jag var bara big - headed , inte
lyssna , inte vård . Sod honom. När du sa " Sod dig " , gjorde du inte
bryr sig om - om du skadar en del människor , gjorde du inte? Nej , det gjorde jag inte

vård. Varför tror du att det var ? Jag vet inte. Eftersom du bryr
nu , eller hur ? Jag tror att det bara vara kaxig . Jag var inte bråkar . Men
du visste att de var sårad , men det gjorde du inte. Var det rätt?
Just det , ja . Jag brydde mig inte om människor . Jag brukade bli precis fött
fri - det är hur jag brukade känna . Ingen kunde skada mig . Ingen kunde
Rör mig . Men jag fick veta att jag hade fel .
(ASH 6 .)
Ibland genom förbittring , att veta om det gör ont skuggade i
siktar på det .
När du gjorde vad det var ni gjorde , visste du att det var fel
på den tiden eller har du inte om det? Ö.A : inte vård , inte
vård. Trodde du att du skulle skada någon annan? Inte bryr sig . Nej , inte
alls. Men du visste att du skulle skada dem och brydde sig inte ? jag
visste att jag var , jag visste att jag var , ja . Och du inte bryr dig varför?
De hade sårat mig , så jag försökte göra dem illa . Höger , förstår jag
det. Förutom min skada var extrem . Jag gick till ytterligheter .
(Addison 4 .)
Det andra svaret var att " sätta på skygglappar " . Några av de intervjuade
hade utvecklat denna teknik för att tomma ut hemska barndomsminnen
och tillämpas också det när de skadar andra människor .
LF : Det finns massor av min barndom har jag raderas ut , menar jag år och
år . Um , och om jag inte vill möta något , under en period
av tiden , bara det inte hände . Jag tror att vi alla gör det till viss del.
Jag tror jag har förlitat sig på det för mycket , eller blev för bra på det , eller ... och jag
antar att det är typ av , jag kommer till ett stadium där jag bara sätta på skygglappar ,
du vet , jag bara sätta på skygglappar ... jag bara vada i. När du sätter på
skygglappar , det är inte att tänka på resultatet , eller ... Ja . När du är
att göra det , minns du det har varit en katastrof tidigare , eller inte ?
Nej , jag tror inte på det. Det är alltid efteråt när jag sitter tillbaka
objektivt och jag ser tillbaka .
(Farleigh , 7-8 .)
Ett sätt att inte bli bedrövad av medvetenhet om den skada de orsakat var
att titta bort från .
II : Jag skulle inte tillåta mig att bry sig för tio år sedan . Så när du säger
skulle du inte tillåter dig själv , visste du vad det var som om de var
ont . Du visste vad de kändes , men du skulle inte låta dig själv
bry sig om det? Yeah . Jag skulle avfärda det . Jag skulle sysselsätta mig med
något annat. Varför tror du att du vände sig bort från att fokusera på
det ? Jo , på grund av smärta , eller en typ av smärta . Det är som en
emotionell tvång .
(IBBOTT 4 .)
4 . RESPEKT , VÄXELVERKAN OCH IDENTITET .
En annan viktig moralisk återhållsamhet är respekt för andra människor . respekt är
erkännande av någons status eller ställning .
En typ av fråga är självkänsla : att respektera Seamus Heaney som poet är
att tänka mycket på vad han skriver . En annan version är ett erkännande av

någons status i en hierarki . Det finns konventionella uttryck för
respekt för någons status , en fråga kopplad till artighet och
ibland aktning . Soldater uttrycka deference version av
respektera när de hyllar en officer . Men aktning och respekt är inte
de centrala moraliska begränsningar . Moralen kräver ofta respekt för
människor vi varken självkänsla eller skjuta till .
Det finns skärmar av mindre påtvingad och mer likvärdiga versioner av respekt
än salutera en officer . Vi känner igen någon som en person som vi vet vid
hälsa på dem på gatan . Med människor som vi inte vet , det finns
vanlig artighet att signalera ett erkännande av deras ställning som
människor . Då inser vi att människor har laglig eller moralisk
rättigheter , och visar detta genom att inte attackera dem , inte stjäla från dem ,
respekt för deras integritet , inte förödmjuka dem och så vidare .
Både konventionellt artiga versionen och respekt för rättigheter kan
uttryck för en djupare och mer allmän attityd. Barn , som används på det sätt
de själva bulk stora i sina egna liv , kan träffas plötsligt
med en levande medvetenhet om att alla andra människor , precis lika mycket som
själva , har ett liv att leva och en synpunkt av sina egna. Den
liv och synvinkel annan person är som desperat viktigt
till dem som min är för mig . Tanken är en plattityd , men dess gry
kan vara en viktig del av att växa upp . Synen på andra människor
vägledas av denna medvetenhet kan kallas " den djupa attityd av respekt " .
Vid viktiga ögonblick kan samma medvetenhet återkommer med livlighet till vuxna .
I Putney Debatter i 1647, överste Rainsborough vädjade till det
då argumentera för regeringen endast med samtycke : " För egentligen tror jag att
de fattigaste han som är i England hath ett liv att leva som den största
han ; och därför verkligen , sir , jag tycker det är klart , att var och en som
är att leva under en regering borde först av hans eget samtycke för att sätta
sig under denna regering " . Och George Orwell , uttryckte sin
avsky över att ha upplevt en avrättning , talade om " den
unspeakable wrongness att skära ett liv kort när det är i full
Tide " . Han uttryckte skräck av promenader tillsammans med den dömde
Mannen : " Han och vi var ett parti av män som gick tillsammans , se, höra ,
känsla , att förstå samma värld ; och på två minuter , med en
plötslig kick , en av oss skulle vara borta - en själ mindre , en värld mindre . "
Vissa typer av RESPEKT och inte andra.
Några av de intervjuade hade klart respekt för människor av hög
position i den sociala hierarkin . (" För att det är drottningens egendom ...
Det är så jag växte upp , respektera kronan , respektera den enhetliga ,
respektera den kungliga familjen . ") En del av dem hade helt klart respekt
uttryckt i konventionell artighet. (" Jag svär inte framför
kvinnor ... jag är respektfullt. Jag menar jag tror på att öppna dörrar , och om en
kvinnligt är promenader tillsammans , oavsett om det är en patient eller anställd , jag lät
dem gå genom dörren först . ") och framträdande av respekt för
rättigheter i deras moraliska landskapet har märkt . (" Funktionshindrade

har rättigheter precis som vanliga människor ... Jag respekterar deras grundläggande rättigheter . ")

Ibland de skäl som anges för att respektera rättigheter visade en viss medvetenhet om perspektivet av dem vars rättigheter kränktes . Men för det mesta respekt för rättigheter var mer en regel - styrs materia än något rotad i medvetenhet om perspektivet av andra.

Det som framför allt saknades var den djupa attityd av respekt . För George Orwell, genomförande innebar en värld mindre och detta gjorde för unspeakable wrongness kapa ett liv i hela vågen . frånvaron om något av detta är en del av ytligheten en del av de intervjuade " tankar om dödsstraff . (" Jag ser bara på England . Det finns ingen utrymmen , det finns fångar överallt , det finns kriminella som hänger runt och det , och jag tror att om det fanns utförande då , mer utförande än normalt , jag tror det skulle vara en mer tystare värld att leva
    i.   ")

RESPEKT OCH VÄXELVERKAN : " INTE MYCKET REAL sig själva " .

Avslag , samt att göra människor hungriga för erkännande och respekt för sig själva , också kan hindra dem från att utveckla erkännandet av de inre andras liv som skäl den djupa attityd avseende. Det är rimligt att se allt detta som att ömsesidigt baserad . Människor lär den djupa attityd respekt för andra dels genom respekteras själva .

De andra slags respekt kan vara olika . Soldater som inte var visat respekt i barndomen lär nog göra honnör officerare . Men det kan gissade att den här typen av " respekt " inte länge överlever avlägsnande av tvång som ställer den . Den djupa attityd respekt , den inre erkännande av den moraliska status för andra människor , kan behöva lite ömsesidighet för dess uppkomst .

I ett tidigt skede av projektet , Dr Gwen Adshead och jag var diskutera de människor som vi var på väg att intervjua . Många är patienter av hennes. Funderar deras förmåga att skada andra , undrade jag om andra människor och deras inre liv verkade helt verklig för dem . hon trodde att min tvekan kan vara rätt , men tillade , " Ibland är de inte mycket verklig för sig själva " . På den tiden var jag fascinerad av den här kommentaren
,
men inte säker på vad det betydde . En möjlig koppling mellan en minskad känsla av verkligheten i andra människor och en minskad känsla av ens egen verklighet skulle kunna komma från konsekvenserna av barndomen avstötning. " Andra människor inte sken helt verklig för dem " är ett sätt att beskriver frånvaron av inre erkännande av den moraliska status andra. Och " inte är mycket verklig för sig själva " kunde beskriva en annan konsekvens av avstötning och förnedring : misslyckandet att ta fram en robust känsla för sin egen identitet och värd - misslyckandet som skapar sådan hunger efter erkännande och respekt .

En av de funktioner som anges i " Factor One " av Hare Psykopati Checklista är en " grandios känsla av egenvärde " . Några av dem jag

intervjuade verkade människor som kanske vill ge intryck av
är verkligen någon. Men bakom detta ofta verkade vara behovet av att
vara någon snarare än verklig övertygelse . Och frasen " inte mycket
verklig för sig själva " ofta tycktes genljuda med saker som de sade .
Har du en bild på den typ av liv du vill leda när du
är ute ? LF : Jag har aldrig haft en normal bekväm tid när
allt är fast runt omkring mig , människorna är fast runt omkring mig ,
just det , bara enkel , vet du vad jag menar ? Vad menar du med " folk
är fasta " ? Er , min familj svikit mig , alla svikit mig ... Detta är bara
ett exempel. Jag kom ut och jag hade inte haft ingen för ca 6 månader sedan
min mamma , det är en konstig relation , ' cos i slutet av dagen är hon
" Mamma " , du vet vad jag menar , allt sånt , och då säger hon ,
" Ni gjort riktigt bra , jag tycker att du förtjänar en behandling " och sedan ... jag bara
kan inte, jag vet att det är inte rätt . Så det bara förvirrar , förvirrande . Och
det är hur det har gått för lång tid .
(Farleigh 11 .)
Här , är att vara fast för att vara någon som man kan lita på , lita på. Den
Däremot är med att låta någon ner . Kanske känner denna typ av
soliditet på andra människor är en del av vad som behövs för att utveckla en känsla
egen soliditet och värt .
5 . MORAL IDENTITET OCH AGENCY .
De flesta människor , utan att använda frasen , har en känsla av sin egen moraliska
identitet. De har en bild av den typ av person de är och en del
ungefärlig uppfattning om den typ av person de vill vara . För mycket
tur eller väldigt självbelåten , de två överlappar varandra ganska mycket . För
de flesta av oss det finns brister.
Inte varje del av bilden av vad vi är som bidrar till
känsla av moralisk identitet . Vår ålder, längd, hobbies och preferenser för
vissa typer av mat , sport eller musik är oftast mindre relevant än vår
bild av hur långt vi är ärliga , generösa , laglydiga , modig , snäll ,
en bra förälder eller en god vän . Detsamma gäller för den sortens person
vi skulle vilja vara . Några av våra idéer om det (att vara en bra
simmare eller har ett mindre kaotiskt skrivbord) kan ha lite moralisk import .
Det är bara förhoppningar och önskningar laddade med värderingar som är en del av
känsla av moralisk identitet .
Bland de viktigaste moraliska begränsningar är dessa värdeladdadebilder av
hur vi är eller vad vi skulle vilja vara , och i synnerhet idéer om den
typ av person vi vill inte vara . " Jag är inte den sortens person som
tar mutor . " " Jag vill inte bli någon som förråder sin
vänner . "
Identitet och byrå är kopplade . Vilka vi är och vad vi gör , är
sammanvävda . Vi är alla formade mycket av saker utanför vår kontroll . Den
typ av person vi är beror på uppenbara sätt på gener , föräldraskap , den
kultur vi växer upp i , och på många andra faktorer som vi själva inte gjorde
väljer . Men många människor också spela en roll i att forma den typ av person
är de. Denna själv skapande tar sig olika uttryck .

Det är i huvudsak omedvetna typ av själv skapande Aristoteles
märkt . Vi väljer fritt att agera på ett visst sätt , och dessa åtgärder
forma våra vanor . I sin tur dessa vanor stelna till vår karaktär .
Sedan finns det val som , oftast oavsiktligt , formar det vi
är som genom att påverka den personliga värld i vilken vi lever . Dessa
omfatta val av vem att gifta sig eller leva med , val av vilken jobb till
göra och var de ska bo , val om att ha barn , och många fler
triviala sådana. Och det finns medvetna projekt av själv- skapande . Många
människor engagera sig i dessa på den mindre änden : syftar till att ändra det de
är som genom att gå ner i vikt , genom sitt val av kläder eller frisyr , genom
självsäkerhet kurser eller genom att läsa böcker om hur man gör
vänner och påverka människor . Några har mer stora medvetet
själv kreativa projekt som kan engagera dem i flera år eller en livstid :
hitta självförståelse genom psykoanalys , blir en OS-
idrottsman , att bli en god kristen eller muslim .
De värdeladdadebilder av oss själva , som vi är och som vi kanske
bli , har uppenbart inflytande på den större och mer medveten
versioner av själv skapelse . Men de kan också påverka andra
slag , genom att uppmuntra eller avskräcka vissa åtgärder som kan forma
vanor och sedan tecken , eller genom att styra våra val av vänner ,
partner eller jobb . Sakna sådana bilder är att ha minskat befogenheter
själv skapande och så för att förlora en central del av att vara ansvarig för
sitt eget liv .
Självkänsla : grunt och djupt .
Hur långt hade de män jag intervjuade ha med bilderna ? vissa svar
på frågorna om den typ av person de vill vara var
grunt , man bara upp vilken kompetens , talanger eller jobb de skulle
liknande.
Tror du att de flesta människor har en uppfattning om den typ av person som de vill
att vara ? En av de saker .. folk säger är " jag vill inte vara det slags
av person som gör en sådan sak . Z.C : I vissa fall , jag slags
som begåvade människor . Jag ska ge er ett exempel - Bruce Forsyth . ett sådant
stor underhållare , du vet . Han kan spela piano . Han kan göra allt
möjliga saker . Jag önskar att jag var som han, begåvad .
(CRINOS 6 .)
Har du en bild på den typ av person du är ? Har du en
Tanken på antingen vad du är ut eller vad du skulle vilja vara?
J.F : Jag vet vad jag skulle vilja vara. Vad vill du bli
ut? Jag skulle vilja vara en gangster . Skulle du? Varför vill du vara
en gangster ? Jag skulle. Jag skulle vilja vara som Kray tvillingar . skulle
du ? Vad är bra med det? Jag vet inte . Jag skulle bara . De Kray tvillingar
Tillbaka på sextiotalet , de Kray tvillingar som används för att stoppa alla rån och
våldtäkter på gatan och höll gatorna rena .. de lärde känna
kändisar och sånt . Och de gav pengar till välgörenhet .
(Fall 4 .)
Har du en bild på den typ av person du skulle vilja vara ? C.Q : Jag skulle

gillar att vara mig själv , er, som arbetar i restauranger , träna att vara en kock ,
det är vad jag skulle vilja vara .. Eller arbeta för rådet eller väg
verk , behöver gräva upp vägbeläggningar .. sånt , du vet .
(QUIGLEY 4 .)
Den ytlighet är inte bara en fråga om att nämna bara jobb snarare
än mer värdeladdadepersonliga egenskaper . Det finns också
intryck av att inte mycket tänkt bakom även valet av ideala jobb .
De val av att vara en kock eller göra vägarbeten verkar inte reflektera
idéer om personlig lämplighet för en typ av arbete eller de typer av
tillfredsställelse att sökas i ett jobb . De är mer som objekt dras på
slumpmässigt ur ett kli -badkar . Eller som Penney Lewis har föreslagit till mig ,
De kan återspegla en önskan om någon form av normalt jobb snarare än en
livet i förvar på ett säkert sjukhus . Hursomhelst , det inte finns någon
hänvisning till ett värde laddad bild antyder en svag känsla av moralisk
identitet.
Däremot en del gav svar tyder tanke om personlig
utveckling i olika skeden av livet . En man var mycket medveten om
att ha varit fängslad i många år och det har inte haft
möjlighet att utvecklas .
Skulle du vara beredd att säga något om vilken typ av person du
tror du var innan , och den typ av person du tror att du är nu ,
Vad är gemensamt och vad är annorlunda ? Q.L : Väl fram till min index
brott som förde mig in i Broadmoor 1971 , bodde jag i grund och botten en
nivå. Jag har jobbat , jobbat hårt , fick en lönekuvertet , träffade mina kompisar på
slutet av veckan , blev full , gick på pubar och klubbar och ibland
ägnat sig åt några småaktiga stöld , vet du . Andra gånger , ibland
hamnade i slagsmål , berusad kamp , och att cykeln upprepade sig varje
vecka , för år , tills en dag jag dödat någon och avvecklas i
Broadmoor ... Jag är helt uttråkad med institutionella liv ... En dag är den
samma som nästa , du vet , jag är trött på allt som
institutioner har att erbjuda . Jag behöver livets upplevelser utanför , du
vet, att utvecklas. Jag har inte riktigt fått en chans , du vet ... Jag är
54 år gammal nu , du vet , om jag var ute nu , jag har en tendens att
umgås med människor som är i sin mitten av tjugoårsåldern som var åldern
Jag var låst från början , du vet ... Men problemet är att människor
i sina mitten av tjugotalet nu är inte samma sak som folket i deras
mitten av tjugoårsåldern när jag var i mitten av tjugoårsåldern . Jag har svårt att komma
på
med min egen åldersgrupp. Vet du varför du har svårt att gå vidare med
din egen åldersgrupp ? Jo jag har gått miste om all utveckling
stadier , du vet , jag menar folk har , under den tiden jag har varit låst
upp , har människor haft dessa upplevelser , de har gift sig , de har
hade barn , de har haft bolån , de har haft semester utomlands ,
bilar , pengar på banken , semester . Jag har aldrig haft någon av dessa saker ,
du vet .
(Lawler , 5-6 .)

En annan hade tankar om moraliska utveckling i olika skeden av
liv och hans kommentarer föreslog också en ganska djup känsla av moralisk
identitet som han erkände att vara i konflikt med sina tidigare handlingar .
BF : Du kan inte få en uppfattning om rätt och fel som en liten unge . många
om det handlar om , liksom , " skrik inte på dina föräldrar " , eller " du kommer
äta allt som mat innan du går till sängs " eller något , vilket är en
grundkunskaper , men ... som du går igenom puberteten , det är ingen idé . ni
fick lära sig nya regler ... När du säger lära sig nya regler , är det lärande
regler , eller är det att tänka på vad du verkligen bryr dig om , eller vad som är
det ? ... Jag tror att , hm , ser du hur du vill passa i. Du lär dig att
beter sig på rätt sätt , för att behålla den positionen . Och , er så tror jag ,
öh , har impetuousness av barndomen att ge vika och kanske en början
då är det en fråga om lärande regler ... men det slutar blir
medvetet ganska tidigt . Jag tror att du blir vad du vill bli .
Det här är jag , det är så jag vill bete sig , det är vad mitt samvete
säger mig eftersom det är där jag vill vara . Har du en bild på
hur du vill bli ? Um, ja , jag har idéer om hur jag skulle vilja vara i
samhället och hur jag skulle vilja svara på folk . Jag menar mig själv . Er,
Jag tror ibland min , er . Jag har varit okunnig , jag reagerade inte med en
samvete så att säga , och jag skulle vilja ångra det riktigt och beter sig som
en mer er , humant personen hela vägen runt egentligen .
(FELLOWS 4-5 .)
Några gav svar vars djup eller ytlighet var svårt att klassificera .
Har du en bild av den typ av person som du tror att du är ? Om
du skulle beskriva dig själv ... vad skulle du säga om dig själv ?
OBS : Um , den sortens person som tänker på andra människor före
mig själv ... Jag oroa sig för andra människor innan jag oroa mig själv ... Så
som tenderar att lämna mig som en , mycket ner eftersom jag tenderar att använda allt ,
allt ,
vad jag har inom mig för att ge till andra människor och lämnar mig med
ingenting . Um, öh, jag är mycket väl talat , när jag vill vara . Um, jag använder ögon
kontakt när någon talar till mig . Um, och jag är en trevlig, ljus
ung person. Ja. Jag har en sida till mig där jag inte gillar mobbare . jag
gillar inte mobbning människor . Jag tycker inte om auktoritet . Därför att , till en
viss mån , um , jag tycker inte om att vara pressade ... Jag gillar en hel del
utrymme runt mig .
(SVART 5 .)
Detta konto , och betona de värdeladdadeegenskaper
relevanta för moralisk identitet , har också inslag av ytlighet . Det finns
en så stark känsla av att vara en självuppoffrande altruist att en
undrar hur mycket kritiskt tänkande och självinsikt har gått in i
konto. Och det finns en antydan till slumpmässighet i kommentarerna om ögat
kontakt , att vara trevlig och vara väl talat . Det finns en viss känsla av
moralisk identitet uttryckt , men på ett sätt som väcker tvivel om
om självkännedom är akut .
Dvärgväxt TILLVÄXT MORAL IDENTITET : skuld och självhat .

Finns det några ledtrådar om varför känslan av moralisk identitet ibland misslyckas med att utveckla eller utvecklas endast i hämmad formen ? Där gör en grunt självkänsla ifrån? Några av intervju svar citerade tidigare har föreslagit att visas respekt är viktigt för utveckla en robust känsla av din egen identitet . Men nekas respekt är inte det enda som håller tillbaka tillväxten av en känsla av själv . Görs för att känna skuld , att må dåligt om dig själv , kan också spela en roll. Några av de intervjuade hade upplevt en hel del skuld . Vilken typ av saker du gjort att känna sig skyldig om ? I.I : Tja - Ursäkta mig - onanerar och saker ... Så du har gjort att känna sig skyldig om det? Väldigt mycket så . Men du säger att du sköt skuld ur dig egentligen ? Tja , ja . Jag ignorerade det . Jag valde att ignorera det eftersom det fick mig att må dåligt .
(IBBOTT 3 .)
Ibland har de gjort för att känna sig skyldiga även för saker som andra människor hade gjort med dem .
LJ : Jag hatade mig själv för de saker som min mamma gjorde till mig och steg bror . Um , jag trodde det var mitt fel . Att jag var den som gjorde fel .
(JACKSON 8 .)
Görs för att hata dig själv är knappast en bra grund för att utveckla en känsla av moralisk identitet . Denna belastning av skuld i barndomen väcker också en Frågan om "brist på skuld " i Cleckley bild av psykopat , och som är en del av " Faktor One " i Hare Psykopati Checklista . Har denna överbelastning av skuld i barndomen dämpa förmåga att känna skuld senare i livet ? Eller är den vuxna frånvaron av skuld mer skenbar än verklig ?
Några kände sig illa nog om sig själva för att känna sig anklagade även för saker de inte har gjort .
Har du någonsin känna skuld över saker? N.B : jag gör, hela tiden , ja . Verkligen ? Um, om någon sparkar i ett skåp i matsalen eller någon skriver något på väggarna , och eftersom ingen vet ... som gjort det , Jag sitter där känna skuld , tänker jag hoppas att de inte alla ser på mig .
(SVART 4 .)
När intervjupersonerna talade om huruvida de hade känt sig skyldig när , eller strax efter , de hade begått sina brott , de gav mycket olika konton . Några passade på Cleckley - Hare bild av att ha att vara skuldfri . Men de gav olika konton varför detta hade varit så . En del tyckte att de hade begått brott utan offer och så inte tycker illa om vad de hade gjort , men sade att de skulle ha kände sig skyldig om de hade skadat någon .
Har du någonsin känna skuld över något du har gjort ? N.B : Um , (tvekan) Nej , nej . Du skulle inte känna skuld över det ? Du skulle inte mår dåligt över att ha gjort något ? Jag antar att jag känner mig inte skyldig eftersom jag aldrig har begått ett brott där jag bokstavligen påverkat

någon, som jag har brutit sig in i någons hus och stulit allt ...
Därför att jag har stulit från ett kontorshus ... det är faktiskt inte påverkar
vem som helst , det är bara för att det inte hör till någon, det är inte
betonar någon ut . Men skulle du bryr dig om du stal från en person
du visste ? Skulle du mår dåligt över det? Jag skulle, ja .
(SVART 4-5 .)
Andra sade att en tendens att känna skuld var överväldigad av den
hat de kände .
Vissa människor tror att det sätt ditt samvete säger dig något är
fel är att man tycker illa om det . Men andra tycker att det som
du känner dig skyldig om är bara en fråga om hur du blev uppfostrad .
Ö.A : Ja, jag tror det är sant på båda kontona . Det beror på det sätt
du växte upp , vad du tog upp för ... hm ... det är ... ja ... jag
menar , det gjorde jag inte för att känna skuld för att jag hade för mycket hat inne
mig att känna skuld , mot alla.
(Addison 4 .)
Andra sade kände en massa skuldkänslor senare , på grund av att behöva konfrontera
ont de hade orsakat , men sade att när de hade undvikit
skuld genom att sätta på skygglappar .
Om de inte har gjort dig alls nöjd , har de skadar andra människor och
de har skadat dig , de har skadat dig dels för att de har ont andra
människor och du mår dåligt över det ? Ö.A : Er , ja , men då , det är som ,
dess , jag menar om du inte känner personen , d du vet vad jag menar, du
motiverar det, ja du inte motiverar det , behöver du inte se dem . Ja. jag menar
Jag minns när jag skadar denna kille i fängelse och hans mamma var i domstol
och hon grät och att jag kände mig , det var hemskt , jag kände mig så
fruktansvärd . ' Cos hon var där och jag kunde se vad hon gjorde . Men
um , det är som en blinker sak , du behöver inte leta. När du handlat du
var , som du uttrycker det , förblindad , du tänkte inte på det
konsekvenser för människor ? ... Men barnen när de börjar göra det ,
som om de bryter in någonstans och nick ... de ska möta folket ,
' cos det finns inget värre än att skämmas ända fram till någons
ansikte. Jag menar ingen tycker om det , det är hemskt . Så det är inte bara
tycka synd om den som är skadad , det är också känslan av skam
om hur ... Yeah , Yeah , men alla av det , det hela , är att se dem ,
se utseendet på deras ansikten .
(ADDISON 13 .)
Några sade att de hade känt sig skyldig på den tiden , men hade inte erkänt det .
QA : När det gäller faktiskt mord , skulle jag hålla med hängande . jag
har dödat två gånger - två personer , och jag aldrig glömma det . Jag gjorde inte bara
skada dem . Jag skadar sin familj mentalt , inte fysiskt men psykiskt ,
och deras nära och kära . Jag tog dem bort från sina familjer och
allt ...
Känner du dig skyldig om vad du gjorde på den tiden ? Jag känner mig skyldig
om allt jag gjort . På den tiden kände dig skyldig men

skulle inte erkänna det ? Ja. Jag kände mig skyldig , men jag vill inte erkänna det . jag var
för stolt . Jag brukade gå iväg och säga : " Jag var i ordning där " att
mig själv men jag skulle inte säga det till någon annan , men nu gör jag . "
(ASH 5-6 .)
En som uttryckte starka känslor av skuld nu , men sa att han inte hade
kände mig skyldig på den tiden , var oartikulerade om varför det hade varit så .
På hans konto , på den tiden han verkar ha varit full av konflikter .
Även om han förnekade att ha känt skuld , sade han att han hade försökt att sluta och
hade känt sig äcklad av sig själv .
LJ : Då handlingen att våldtäkt är våldsam nog , för guds skull , du
vet . Men även när jag gjorde att jag slutade plötsligt , du vet .
Vad , vad jag gör här ? Vad är det som händer ? Du vet . Jag försökte
gör lama ursäkter till kvinnan , dumma löjliga ursäkter till den
kvinna , du vet . Och jag körde dem till en av motorvägsstationerna
och parkerade framför en polisbil , som satt där . Och det var
den. Jag var bara helt äcklad av mig själv . Jag fick inte ett dugg
sak av det. Jag menar , sexuellt , gjorde det inte göra något för mig på
alla. Tack och lov. Men nu , jag tänker för mig själv , ja du vet , jag menar jag har
försökte , är allt jag kan hoppas på att kvinnan , och kvinnan är inte
fortfarande plågsamma om det. Förhoppningsvis har hon kunnat gå vidare med
hennes liv och lägg den åt sidan . Självklart kommer hon aldrig att glömma det . jag
skulle inte glömma det ...
Jag menar det är inte bara påverkat henne , det har påverkat hennes familj och
vänner och sånt . Dessa saker behöver du inte tänka på . jag
tänkte inte på dem ändå . Jag gör nu . Jag menar , det fanns tillfällen då
Jag önskade att jag kunde se henne igen . Ja. Du vet , liksom, inte be om ursäkt
exakt , men typ av ... Känner du dig lite skyldig om det ? Ja, det gör jag
känna skuld över det . Kände du dig skyldig om det på den tiden ? ni
säga att du är en annan person . Nu är du en person som känner sig skyldig
om sånt . Kände du dig skyldig på den tiden om
saker du gjorde , eller inte särskilt ? Inte riktigt . Varför tror du att
var ? Jag vet inte. Jag har ingen aning .
(JACKSON 11-12 .)
SJÄLV SKAPANDE OCH BRIST PÅ KONTROLL : Den goda sidan och den dåliga
sidan .
Några av de intervjuade tyckte att de hade varit väldigt mycket ansvar för sina egna liv :
IQ : Jag brukade alltid känna att det finns tre kategorier av människor i
fängelse och dessa anläggningar . Det är den sorgliga , galna och de dåliga .
Jag tycker också att du passar in i en av dem , och jag alltid klass själv
som dåliga . Inte ledsen, inte arg , men det dåliga ... Jag menar , valde jag den
väg jag tog , bara mig själv . Jag menar , säger ingen till mig , Joe , du har
fick göra det , du måste göra det " . Jag har valt det , så egentligen min
öde som sådan anlades av mig . Det var inte som innan och
sade , " Right , är ditt öde att hamna i Broadmoor om 30 år
tid. Jag menar jag faktiskt gick den väg som ledde mig hit . Du vet ,

ingen knuffade mig tillsammans .
(Questor 13-14 .)
Men rapporter om ganska ofta inte känslan i kontrollen var vanligare :
JF : Ibland i min situation , jag vet att jag gör fel , även när jag
vet att jag borde göra rätt . Även om jag gör fel , kan jag inte stoppa det .
(FALL 6 .)
Du visste att andra människor hata vad det nu var . Det gjorde du inte
vill veta om det . Vilken smärta var du skyddar dig mot ?
II : Det händer nästan med mig överallt - Jag får en psykologisk
intryck , kan känslor inte vara rätt , och det är bara en hjälplöshet .
Det är en känsla som skulle leda till någon form av intensitet , att det
skulle driva mig över kanten . Jag skulle inte kunna klara .
(IBBOTT 4 .)
LF : Jag vet inte , jag menar jag vet att det är vad jag ska , jag menar jag
behöver inte nödvändigtvis göra det själv , för jag brukar alltid göra massor av
misstag och röra upp ... Jag vet verkligen när jag ser tillbaka på dessa
saker , jag vet vad jag gjort var fel , men som ledde fram till det att jag inte
alltid göra rätt , jag tror inte ens , så tror jag inte att det finns
beslutsfattande där.
Och du känner att du inte vet vad du vill ha ? Nej, jag vet vad jag vill ,
och jag , det bara verkar inte , er, ett slags verklighet . Verkar inte som
Men du vet , kan jag komma dit .
Det låter som om du vill vara snäll , men ibland har lite
problem med att kontrollera ... Ja, jag vet , det här är den sak , jag vet vad
Jag skulle vilja vara , och vet hur jag ska agera , men det hela verkar bara gå
ut genom fönstret .
Det tycks mig som om du har en ganska stark känsla för rätt och
fel , men det är inte alltid lätt att tillämpa det i ditt liv . men att sätta
det i praktiken , är jag inte , jag vet vad som är vad , men det gör jag inte , jag kan inte,
Jag är inte mycket som kan sätta det i praktiken .
(Farleigh 3 , 5-6 , 9 , 14-15 .)
Åtgärd i all hast eller i ett ögonblick av ilska kan ta någon annans liv
och förstöra sina egna.
BF : Det hela händer i episoder , men ... även om vi är här för en
anledning på det hela , er det inte som om ... anledningen tog upp de flesta av
våra liv . Sortera på , exempel på en minut , fem minuter , som mest eller
något föra oss hit .
(Fellows 11 .)
Man rapporterade att fatta beslut hastigt och sedan agerar på dem mycket
senare men utan någon vidare eftertanke ingripa :
Är dessa mycket förhastade beslut fattas i en stämning av starka känslor ? L.F :
Ja , också , förhastade beslut som sträckte sortens dagar eller veckor ,
d vet du vad jag menar ? Det är ett förhastat beslut , även om du ibland
förväntar sig ett förhastat beslut att se ut , två sekunder senare du går ut och
gör det , du tror , då du går och gör det . Men jag kan göra en hastig
beslut om något och sedan sorts göra det två veckor senare . D' ni

vet vad jag menar ? Utan , och inte i mellan att tänka på ...
(Farleigh 7-8 .)
En del av dessa konton för att inte vara helt i kontrollen har resonans
utanför denna grupp. " Jag vet att jag gör fel , även om jag vet att jag borde
göra rätt " är en upplevelse de flesta av oss har . Men sammantaget
kommentarerna tyder på en mycket starkare känsla än normalt för att vara
besegrade i en intern kamp : " allt verkar bara gå ut ur
fönster " , " verkar inte som om jag kan komma dit " , en hjälplöshet som
" Skulle driva mig över kanten . Jag skulle inte kunna klara . " En stark
form av denna känsla av inre kamp och nederlag hittades i en
Intervjuad som såg sig själv som att ha en bra och en dålig sida , och såg
förlust av kontroll som en seger för den dåliga sidan över det goda .
FV : Mitt huvud - dess alla trasslat till och jag fick som en bra sida av mig
som pratar med dig nu , och sedan finns det en dålig sida av mig , och när
den sidan kommer ut Jag känner mig inte skyldig eller något .. Så, även om
det finns två sidor av dig , vilken sida är den riktiga du ? Den du är
pratar med nu . Är det rätt? Så om nu du kan dumpa din dåliga sida
skulle du göra det ? Yeah . Eftersom jag är som ett djur . Som jag säger , jag
attackera folk för ingenting . Och när du är på andra sidan , kommer du
dumpa din goda sida ? Det är som en strid . När jag högg den här tjejen ,
ungefär tio minuter innan jag gjorde det , jag har det stora slaget i mitt
huvud händer och om -inte gör det , gör det , gör det , gör det - och så.
Den gick om och om och till slut gjorde jag det . Men efter att jag gjorde det , var det
som ett surr , du vet vad jag menar . " Han sorterade tiken ut " och sånt
så. Jag ser - dig sorterade tiken ut och det gav dig en kick . Så
den dåliga sidan gillar den typen av surr . Yeah - den dåliga sidan gillar
våld s få min egen rygg och sånt . Den goda sidan - det
bara vill ha ett normalt liv . Men det är mer att - jag inte kan få det ur tankarna , för
förlora , eftersom jag hade en kamp för ett par veckor sedan och den dåliga sidan var
tar över en hel del och sjuksköterskorna såg det också. Men du tror inte att
den dåliga sidan är den verkliga du , då ? Var kommer det ifrån? Jag gör inte
vet .
(Vernon 5 .)
Det hela är mycket långt ifrån framgångsrik själv skapelse . Men några
intervjuade använde psykiatrisk hjälp i att försöka förändra
själva. Men ansträngningen kan tyckas vara en kamp mot enorma odds .
AO : Jag vet att några av de tankar jag har är fel och en del av den
saker som jag har tänkt på och sagt och vill göra är fel . Så jag vet
att jag tänker fel , eller gör fel . Vad får dig att känna dig skyldig
om det, eller vad som gör att du vet att det är fel? Jag tror inte att det är
att jag känner mig så skyldig . Det är mer att - jag inte kan få det ur tankarna , för
förrätter . Inledningsvis , naturligtvis , det kommer inte att försvinna , och jag kan inte
sova . den
gör mig rastlös . Den spelar bara på mig ... Det oroar mig att
så småningom kommer jag att göra dessa saker , och jag vill inte särskilt
vill - svårt för mig faktiskt att säga " nej " till dem ... Har du

tankar om att attackera människor eller om sex ... De omfattar kidnappning ,
våldtäkt och våld , och mord , så ... Om du fick välja att inte ha
dessa tankar ... Jag försöker . Det är ett val som jag har redan
gjorde , att jag försöker ... Det måste vara mycket svårt att göra det . Yeah . Vid
det ögonblick jag försöker kemisk kastrering , för att arbeta med de fantasier ,
som kommer att göra sig av med sex och de mord / våld fantasier som
Jag har , men jag är inte att ha en stor framgång med det .
(Orts , 4-5 .)
Ibland en av de intervjuade , trots den inre konflikt och
trots de fruktansvärda saker som gjort tidigare , hade en säker
känsla av moralisk identitet : en tro på att deras goda sida var den verkliga
person, även om det tidigare hade varit blockerad .
Du säger vad du vill . Du skulle vilja ta hand om din mamma .
Du också säga att du vill ha - du säger , utrymme att vara mig . Ö.A :
Ja , rum för att vara mig . Vad betyder detta? Ö.A : (skrattar) Vad innebär det
detta? Tro det eller ej , jag är en mycket känslig och kärleksfull person . jag
vill kunna visa någon som jag kan älska och ta hand om
dem .. Tror du att du har alltid varit en mycket känslig och kärleksfull
personen ? Det har alltid funnits där . Jag har precis förnekat det . Jag har bara gömt
det , ska vi säga .
(ADDISON 9 .)
KAPITEL FYRA : TVÅ tolkningsproblem.
Det finns två uppenbara metodproblem för dessa intervjuer .
Hur långt kan svaren på mina frågor accepteras som sanning?
Och , om tolkningar av vad de säger är rätt , hur långt är
psykologi beskrivs speciellt för människor med sin diagnos ?
(Det finns också en tredje , mycket djup , fråga . Vad är en lämplig
inställning till denna grupp av människor ? Deras tragiska liv framkalla sympati i
en intervjuare . De har också gjort förfärliga saker till andra människor
som inte är närvarande för att vinna sympati . Finns det en känslomässig balans ,
mellan de hårda ignorera sorg av patienternas egna
förstörda liv och en sentimental sympati som släcker ut vad de gjorde
till andra? Dessa frågor kommer att sättas åt sidan här till den del av
bok om " psykisk störning , kontroll och ansvar" .)

FRÅGAN OM SÄKERHET .
Centralt för Cleckley beakta psykopat är bilden av
någon lura och manipulativa . Detta rykte sträcker sig till de i
den bredare kategori av antisocial personlighetsstörning . Så det finns
ett uppenbart metodologiskt problem . Kan saker sade i intervjuerna
man lita på ?
Normalt , ett beslut om att lita på vad någon säger bygger på
två källor. Det är ett intuitivt " läsning " av den person , som bygger på
sådana ledtrådar ögonkontakt , hållning , tonfall och val av
ord. Och det kan vara oberoende bevis , vare sig om vad som är
sa eller om personens trovärdighet .

I dessa intervjuer var en intuitiv läsning inte alltid lätt . I en
eller två fall , kände jag att den kalla, opersonliga svar gav ingen aning
om deras trovärdighet . (Om inte denna typ av reaktion är i sig en
sign av opålitlighet , men det verkar inte självklart .)
Ibland verkade röst terapeuten hörbar . Sittande
mittemot en mycket tuff - ser man , kan det vara förvirrande att höra honom
talar om nu är mer i kontakt med sina känslor .
För det mesta fick jag intuitiva intryck . Men först var det
ett hinder för att bryta igenom . Anländer till Broadmoor , jag får ett stort gäng
nycklar till den låsta omkretsen porten och till de låsta dörrar på
vägen till avdelningarna . Framme vid avdelningen , jag går till sjuksköterskan . Han
kallar
patienten och tar oss båda till intervjurummet . Så jag verkar , liksom
en fångvaktare med en klingande knippa vid bältet , i sällskap med
någon som antagligen ses som en auktoritet . Och jämfört med många av
de människor jag intervjuar , kan det sätt jag pratar spegla skillnader i
social klass och utbildning . Det kan påminna dem om tidigare möten med
lärare , advokater eller domare .
Jag försöker att bryta ner barriären , men det tar tid . Innan du lämnar ,
sjuksköterskan kan ha sagt raskt , " Robinson , du har fått en forsknings
intervjun. Få in i intervjurummet . " När vi har satt ned
tillsammans , säger jag , " Mitt namn är Jonathan Glover . Jag är glad att kallas
Jonatan. Vill du att jag ska kalla dig Mr Robinson eller Fredrik ? "
Vanligtvis svaret är i stil med " Fred kommer att göra " . Den
intervjuade har sett en kort redovisning av projektet , och har samtyckt
till intervjun . Men jag klargöra att jag inte har kommit för att be om
hans brott . Jag har kommit för att fråga om hur han tänker
några frågor om rätt och fel , och att han inte behöver
svara på något han inte vill . Men än så länge lite gjorts
för att minska höjden av barriären.
Vanligtvis stämningen blir bättre under den timme eller så av
intervjun. Jag ställa frågor på ett sätt som jag hoppas är både trevlig och
respektfullt . Till viss del verkar de anta att frågan om hur
de tänker och hur de ser på saker och ting . Med lite tur kan det komma över det
Jag verkligen hittar det de säger mycket intressant .
Jag lägger min bandspelare på bordet mellan oss och slå på den.
Eftersom jag är oduglig med sådana saker , efter en minut eller två jag säga ,
" Låt oss bara kolla om det här fungerar " . Ibland finner jag ingenting
har spelats in och sedan krångla med det ganska inkompetent . Den
Mannen mittemot tittar på mig med ökande misstro och säger sedan
något i stil med , " Nej , nej , inte så. Här vill jag göra det " , och sedan
arrangerar det som det ska vara . Detta är inte något som jag kunde (eller skulle
vill) upprätta avsiktligt , men det händer hjälper det hela.
Eftersom barriären bryts ner lite , börjar jag få lite intuitiv
intryck av personen. Ibland tror jag att jag hör en falsk ton i
vad som sägs . När detta händer är det oftast kopplat till en känsla av att

den person som talar tror , felaktigt , att göra ett gott intryck
på mig kan hjälpa hans framsteg mot frigivning . (Om han tror att detta ,
det är trots förklaringar som jag inte är ansluten till Broadmoor
personal .)
Men , för det mesta , den ögonkontakt , de uttryck för ansikte och
tonfall tyder äkthet . Några av dem som jag ser är ganska
svårt att få tala på någon längre . De verkar mycket oartikulerade , eller
annars förvirrade av den nyhet eller uppenbar underlighet av frågorna .
Eller finns det en möjlighet att deras flyt i tal kan ha
förtvinat i deras år av fångenskap . Inget av detta verkar vara en
vilseledande pose . Men dessa är en minoritet . De flesta av de andra kommer att
verkar ganska glad över att bli tillfrågad dessa personliga frågor om deras
värderingar och deras synvinkel , och att vilja bli lyssnade på . de
ofta över -ride det jag har sagt om intervjun inte är om
deras brott . Ibland verkar de ivriga att diskutera det , eftersom
om det är något de gärna vill uttrycka . Och ofta , utan
uppmanas , det finns saker som de verkar vilja hälla ut om
deras barndom . Med allt detta , är det som ibland kommer över en
driven kvalitet i vad de säger . Det verkar känslomässigt laddade snarare
än beräknat.
Naturligtvis kan den strålande bedrägligt Cleckley psycho komma
över så här. En fara för att bli alltför påverkad av Cleckley
bild av den manipulerande bedragare är att det kan göra det omöjligt
för något någonsin att räknas som bevis mot den . Tecken normalt
vilket tyder på en lögnare vidtas för att bekräfta oärlighet , och skyltar
normalt tyder på ärlighet vidtas för att bekräfta briljant
manipulativ skådespeleri . Om Cleckley bilden är att vara sårbara för
möjliga bevis mot det där måste finnas någon möjlighet till
tolkning som ibland tar signaler som tyder på äkthet på
nominella värdet . Vi står inför problemet med andra sinnen hela tiden . vi
alla "läsa " varandra , och vi aldrig veta med absolut säkerhet att
någon särskild behandling är korrekt. Men en stor del av tiden har vi
ganska goda skäl för våra tolkningar , trots att vi
ibland oense om när det är så.
Med de människor jag intervjuat , finns det ibland oberoende
bevis . En uppenbar Cleckley - typ tanke är om de konton som de
gav av deras desperat barndom. Göra upp berättelser av detta slag
skulle kunna vara en självklar knep för att vinna sympati och att ursäkta sig
från ansvar för de fruktansvärda brott de begått .
Psykiatriker arbetar i Broadmoor - inte som många skulle misstänka av
ljuga för att förbättra sina patienters rykte - har sagt i samtal
att den stora majoriteten av sina patienter , 80 % eller mer , har haft en sådan
barndomar .
Naturligtvis , för mycket av det som de säger att det inte finns någon kontroll tillgänglig
med hjälp
oberoende bevis . Intuitivt , sade de saker verkade det mesta - men

inte alltid äkta . Sådana tolkningar är till viss del
subjektiva , och de som läser svaren citeras ibland kan föredra
sina egna tolkningar av dem som föreslås här .
HUR LÅNGT ÄR PSYKOLOGI som framträder DISTINCTIVE antisocialt
Personlighetsstörning?
Att intervjua dessa män var att försöka skymta delar av sin inre
lever att göra med deras värderingar , moral och samvete . Men även om
Bilden här är ungefär rätt , hur olika är deras inre liv
från de många andra människor ? Det har föreslagits att deras
innehålla ett kommando moral, idéer om primitiva rättvisa , ilska ,
ytligheten moraliskt tänkande och en ytlig uppfattning om sig själva ,
en tendens att sätta på skygglappar , och byggandet av en försvarsmur
mot att bli sårad eller förnedrad av andra människor . Men var och en av dessa är
finns i många som inte har någon psykiatrisk diagnos . Vilka är de
konsekvenserna av detta för nyttan av det konto som framträder
från intervjuerna ? Och vilka är konsekvenserna för nyttan
av den kategori av antisocial personlighetsstörning ?
Ta en av de uppenbara funktionerna i deras inre liv . En av dem
sade , " Du bygger upp denna försvarsmur " . Men är det verkligen en
distinkt respons av denna grupp av människor ? Ted Hughes skrev
något i ett brev till sin son Nicholas , som kan finna ett eko i
många människor . Han nämnde en känsla av otillräcklighet människor har , känslan
att inte ha en tillräckligt stark ego att hantera inre stormar . Han länkade
detta till den utsatta barnet fortfarande inne var och en av oss :
"Alla försöker skydda denna utsatta två tre fyra fem sex
sju åtta år gammal inuti, och att skaffa sig kunskaper och färdigheter för
att hantera de situationer som hotar att överväldiga den . Så
alla utvecklar en hel rustning av sekundär själv , den artificiellt
konstruerad varelse som handlar om den yttre världen , och krossa
omständigheter . Och när vi träffar människor här är vad vi brukar träffas ...
Det är så det är i nästan alla. Och den lilla varelsen är
sitter där , bakom pansar , tittar fram genom skårorna ... Varje
enda person är utsatt för oväntade nederlag i denna innersta
emotionellt själv . När som helst , efter den mest effektiva sken vuxen
exteriör , är hela världen i personens barndom vara noga
hållas som ett glas vatten utbuktande ovan brädden . " (hänvisning till
CHRISTOPHER REID (red.) : LETTERS OF TED HUGHES , LONDON , 2007 SIDOR
513-514 .)
Naturligtvis gör vittnesbörd Ted Hughes inte garantera att
alla utvecklar en försvarsmur : " en hel rustning av sekundär
själv " . Men om många av oss svara på hans tanke med några
erkännande , tyder detta på att försvarsmuren kan skydda
långt fler människor än har diagnosen antisocial personlighetsstörning
störning. För att ta reda på hur många andra människor , och för att se om det
väggen är vanligare eller är starkare i de med diagnosen , skulle
behöver subtil empirisk undersökning .

Om dessa intervjuer hade haft en kontrollgrupp , skulle det ha varit
möjligt , åtminstonei princip , för att se om försvarsmuren var
vanligare bland Broadmooren gruppen . Men i praktiken skulle
fortfarande har svåra tolkningsfrågor . Olika kontroll
grupper kan generera olika grad av kontrast , eller ens
Skillnaden mellan viss kontrast och inga alls . Och hur långt är det
osynlighet någon försvarsmur ett tecken på att inget existerar ? Eller hur långt
gör det föreslår den skicklighet med vilken väggen i sig kan vara
defensivt dold ? Vissa av dessa möjligheter ta fram en
Fördelen med att tänka på människor med psykiska störningar i form av
positioner på olika dimensioner av mänsklig psykologi .
Den " dimensioner " tillvägagångssätt är ett alternativ till en stark psykiatrisk
tradition influerad av synen på en medicinsk störning som alla eller ingen :
något som en person som antingen gör eller inte har . På detta sätt ,
bipolär sjukdom , eller antisocial personlighetsstörning , är en kategori
som påssjuka , med ett tydligt ja - eller - inget svar på frågan om huruvida
den är närvarande . De med dessa sjukdomar lever separata lådor , skär
bort från variationer som finns i "normala" människor . Det alternativ syn är
finns bland många psykologer . Betoningen på " dimensioner av
personlighet "antyder att vi alla någonstans längs ett kontinuum mellan ,
till exempel, känslomässig stabilitet och manodepressiv sjukdom . På denna uppfattning
,
det finns en viss godtycklighet i brytpunktenför psykiatriska
störning.
Detta konto av kontrasten har skärpt den genom en viss förenkling :
utelämna de kvalifikationer som ger de två metoderna närmare
varandra. Men det finns reella skillnader i betoningen . anhängare av
den " kontinuum " view kan anklaga de andra för att göra psykiatriska
patienter mer främmande än de borde vara . Anhängare av " allt eller
ingen " view kan säga " kontinuum " tillvägagångssätt underplays den
särskiljningsförmåga psykiska störningar . Såsom i andra delar av
medicin , kan varje metod passar vissa sjukdomar bättre än andra .
Frågor om den kategori av antisocial personlighetsstörning
kvar. Är det en bra kategori ? Om det är , hur långt är det " separat " som
mot en fråga om att vara vidare längs olika slags kontinuum ?
Byggandet av försvarsmuren är bara en av de funktioner som
kan vara särskiljande . Men , med den här funktionen , om Ted Hughes var rätt ,
försvarsmuren är långt ifrån unikt för dem med denna diagnos .
Men , även om han är rätt , de kan antingen bygga en sådan mur mer
ofta , eller bygga en högre och mer befäst en .
Dessa saker som vi ännu inte vet lämna frågan om status
av den kategori av antisocial personlighetsstörning upp i luften . Den
Intervjuerna tyder på att det finns psykologiska kluster att många av dem
har gemensamt , mer än bland folk i allmänhet . Om detta är sant
för de flesta människor med diagnosen tyder detta kategorin gör
har något att det . Men jag kom också undan med intrycket att

tänker för mycket i termer av diagnos , med alla föreningar
härrör från Cleckley traditionen , kan komma i vägen för att prata med
dem , för att höra vad de säger , och att se dem som de personer de
är.
KAPITEL FEM : SHAKESPEARE KOMMER TILL BROADMOOR .
HAMLET : Jag har hört att de skyldiga varelser på en pjäs
Har genom den mycket list av scenen
Slagits så att själen ...
... Pjäsen är sak
Vari jag ska fånga samvete kungen .
Uppgiften att hjälpa denna grupp av människor innehåller eller växa ur sina
våldsamma impulser är komplex. De flesta av dem är människor vars moraliska och
känslomässiga tillväxt har hämmad . Till stor del på egen hand
konto , var det för att de var barn som inte älskade . Much
av skadan inte kan göras ogjort . Ingenting kommer att få tillbaka folket
några av dem dödades . Ingenting kommer att ta bort den fysiska eller psykiska
ärr kvar på dem som de attackerade eller våldtagna . Och för sig själva ,
ingenting kommer att utplåna barndomen avvisande , följt av samhällets
avslag efter deras brott , eller det faktum att så mycket av deras liv
har spenderats i fångenskap .
1 . Återuppliva och vårda moraliska och känslomässiga TILLVÄXT .
Men kanske några av de förkrympta psykologiska tillväxt kan återupplivas .
De förkrympta delarna innefattar empati och sympati . Också förkrympta är det
förmåga att gå från ytlighet till djup . Det finns ett behov , för
Exempelvis , för att utveckla respekt för andra människor som går utöver
låta kvinnor genom dörren först och andra konventionella
artighet . De behöver också hjälp med att bygga upp en sammanhängande moralisk
identitet , kommer en känsla av vem de är att göra det möjligt för dem att leva
ute i världen och leva i fred med sig själva .
Några av dessa typer av tillväxt är kopplade , om det är rätt att " andra
människor inte är mycket verklig för dem " hänger samman med " inte är mycket
verklig för sig själva " . Kanske empati , sympati och respekt för andra
har lärt sig i barndomen genom ÅTERGÄLDANDE : genom själva
visas empati , sympati och respekt . Och visas dessa samma
saker kan vara viktiga för tillväxten av en känsla av moralisk identitet
och den relaterade flytten från ytlighet till något djupare .
Dessa hypoteser föreslår två metoder . En är att försöka dra ut
djupare känslomässiga reaktioner , vilket kan också stimulera dem att reflektera
på sig själva och på sina värderingar . Detta innebär att nå djupt inne
dem , och det kan finnas en fråga om huruvida resultaten motiverar
den möjliga stress inblandade . Den andra , är relaterad strategi för
hjälpa dem att engagera sig i relationer som drar ut ömsesidig känslo
svar och ömsesidig respekt . Båda metoder kan bygga på något
skiljer sig mycket från den lossnar ofta tänkt lämpligt
proffs .
" Att försöka återuppliva " , snarare än att bara " återuppliva " , deras emotionella

tillväxt, eftersom framgång kan vara ganska begränsad . Kanske kapaciteter kan atrofi när känsliga perioder för deras utveckling har missat ? Små barn kan plocka upp ett nytt språk med en perfekt brytning som vuxna brukar hitta mycket svårt eller omöjligt . Finns det liknande nyckel tidiga perioder för delar av känslomässiga och moraliska utveckling ? Om så är fallet kanske det är för sent att göra bra allt som gått förlorat . Men , precis som vuxna fortfarande kan lära sig språk , kan emotionella sena förrätter göra vissa ikapp . Det enda sättet att ta reda på är att försöka .

2 . DEN " BETALAT VÄNNER " PROBLEM .

Vad är involverad i att hjälpa dem engagera sig i relationer ? En fråga handlar om dem som skulle ge denna hjälp . Vem skulle de vara ? hur skulle de sätter på det, och i vilket sammanhang ? Skulle de vara " betald vänner" , med manipulation och brist på äkthet som innebär ? Detta tvivel inte är marginell , och kanske ingen strategi eller teknik kommer helt komma runt det . Men experimentera med diverse olika " icke-standard " psykiatriska metoder kan tyda vad mån var och lyckas eller misslyckas . Vissa metoder , en gång " icke-standard " , till exempel bildterapi och drama terapi , är nu en synlig del av mainstream . Även om det finns en del av den betalda vän om dramat terapeut , det kan fortfarande vara verkliga fördelar . Peter Brook , i tomrummet , beklagar det , för många människor , teater och andra konstformer är inte en nödvändighet , men en tillval . Han kontrasterar detta med de behov som psykiatriska in - patienter ibland uppfyllas av dramaterapi. Teman som föreslagits av patienter , dramatiserat med hjälp av terapeuten , kan rita både de som handlar och de som tittar på att diskutera frågor som de alla aktie. Tar ingen åsikt om huruvida detta hjälper till att behandla psykisk störning , Brook säger att den delade erfarenheten förändras en aning hur de får på med varandra . " När de lämnar rummet , är de inte riktigt samma sak som när de kom in . Om vad som hänt har varit shatteringly obekväma, de är stärkta i samma utsträckning som om det hade varit stora utbrott av skratt ... helt enkelt , vissa deltagare är tillfälligt , något, mer levande " . (Hänvisning till det tomma utrymmet , SIDOR 148-150 .)

Den metod som beskrivs här är inte normalt dramaterapi. Det är ger patienter en chans att se kraftfullt agerat pjäser som går djupt in i saker som har mörka sina egna liv .

3 . SPEL SHAKESPEARE I BROADMOOR .

Framförallt vi vänder oss till den dämpade organ , fantasin . Det är som läkarens konst , eller kurtisanen talet. Läkaren kan inte älska varje patient , kan kurtisanen inte älskar varje klient . Det är vanligt mänsklighet som håller dig igång. I den meningen har varje aktör undertecknat en oskriven hippokratiska eden .

Simon Callow : Att vara en skådespelare .

Mer än ett decennium innan intervjuerna i Broadmoor beskrivs i denna bok , sjukhuset värd en märklig serie teater föreställningar . Mellan 1989 och 1991 , Royal Shakespeare Company ,

Royal National Theatre och andra grupper tog till Broadmoor del av
Shakespeares tragedier : Kung Lear , Hamlet , Lika för lika och
Romeo och Julia . Eftersom så många av dem begränsas i Broadmoor vistelse
det en lång tid , är det troligt att en del av de människor jag intervjuade
var i publiken . Även om inte, kommer publiken har inkluderat
människor som liknar dem vars värderingar och historia Jag har försökt att
skiss . Dessa föreställningar, och deras mottagande , föreslå några
okonventionella metoder för att vårda moraliska och känslomässiga tillväxt .
Kapitlet titel är lånad från titeln av Murray Cox
slående Blocket Shakespeare kommer till Broadmoor . (I detta kapitel drar jag
enormt på den boken , liksom på sin andra bok Shakespeare som
Hoptryckt .) Murray Cox var en konsult psykoterapeut på Broadmoor .
Han hade gått i pension några år innan jag åkte dit för intervjuerna , men
människor som arbetar där fortfarande ibland lyser upp vid omnämnandet av hans
name .
Mark Rylance träffade Murray Cox vid ett symposium i Stratford . Han var
närvarande spelas Hamlet och , över kaffe , föreslog han att " det skulle
vara bra om vi kunde ta med Hamlet till Broadmoor " . Så Hamlet blev
första i serien av pjäser som utförs på sjukhuset. nästan en
fjärdedel av patienterna som tillämpas för att delta . Trots att beslutet att inte
riskerar psykiska skador till patienter som kan vara alltför sårbar ,
Ingen av dem som sökt exkluderades . Publik innehöll också
några av de sjuksköterskor och annan personal . Efter föreställningen den gjutna och
publiken minglade och pratade tillsammans . Några månader efter att Hamlet
kom Romeo och Julia , som ska följas av Lika för lika och
äntligen Kung Lear . Efter den sista framträdande del av publiken
valde att stanna på för en workshop där de delade sina erfarenheter
med skådespelarna .
4 . NÅ djupt inne .
GERTRUDE : Du turns't mina ögon in i min själ .
Både psykiatriker och aktörer vittnar om hur de spelar ibland
nådde djupt inne patienterna .
Rob Ferris , en konsult rättspsykiatriker , sade att
psykiatrisk försök att hjälpa patienterna att få inblick i deras
våldshandlingar misslyckas ofta . Men , " Det som slår mig är kraften i den
teater , kraften i prestanda för att få dem att närma sig dem ,
för att kommunicera med dem " . Han sade att år av terapi ibland
har lite uppenbara fördelen , " Men i en enda eftermiddag Jag kan känna
makt att prestanda för att nå dem , och deras förmåga att
svara . "
Aktörerna var ibland medvetna om den särskilda emotionell laddning ges
för tillfället helt enkelt genom sitt väsen i Broadmoor . Brian Cox , som
spelat Kung Lear , uttryckte det :
Lear var grov produktionen från början , och dess liv berodde på
sin publik . Om det var en död publik , det var en död prestanda
eftersom vi inte kunde återuppliva något som inte var där. vi

kunde inte ge liv åt något som inte var där . I Broadmooren du
hade inte det problemet eftersom hela händelsen är teatralisk . Till
spela på en massa psykiatriska patienter är en teatralisk sak att göra .
Aktörernas egen känsla för vad som finns i de pjäser som ibland gav
dem idéer om vad deras resultat skulle kunna innebära för patienterna .
Brian Cox återspeglas på Kung Lear :
Det handlar om döden , det handlar om att acceptera din slut , acceptera att i mitt
början är mitt slut ; att du skördar vad du sår , om du inte gör
ändrar snabbt och gottgöra det gäller dig själv . Egentligen är det
om att hitta vår egen fred , som det måste vara för dessa tragiska människor
vid Broadmoor .
En patient fick ett svar som var mycket nära att detta hopp :
När Lear dog kände jag en överväldigande känsla av förlust , och tårar ridning
nerför mina kinder . Jag ville desperat att gå över och krama Lears lik.
Jag kände känslan av facket i död mellan Lear och hans döttrar .
Även känslan av frid och helhet i dödarna ...
Pjäserna gjorde genljuder med patienternas medvetenhet om sin
situationen och sin egen historia . Brian Cox noterade några svar på
Lear :
När jag sa , " Finns det någon orsak i naturen som gör dessa hårda
hjärtan ? " en tjej tyvärr skakade på huvudet från sida till sida på ett mycket
smärtsamt sätt .
I den galna scenen , skrattade publiken , med en viss kvalitet för att
det som var ganska spännande . Det var den linje som börjar , " Vad !
Ar't galen ? En man kan se hur den här världen går med inga ögon ... Ingen gör
förolämpa , inget jag säga , ingen. " Och det var extraordinärt när jag sa att
linje.
När jag sa "Åh låt mig inte arg " , hur frasen ekade
runt rummet var extra ...
Patienterna själva talade av länkarna som de gjort med sina egna liv :
Hamlet , skulle den personen också ha varit min mamma , bror , syster och
och med bara en vän - och hur de kände sig på att lära att jag , deras
bror , hade gjort vad jag hade gjort - så det hade en hel del mening ... Jag
hoppas du förstår det .
Gjorde göra dessa länkar stimulera till reflektion kring sig själva ? ETT
konsult berättade Brian Cox att mer än en patient av hennes sade
saker i stil med , " jag gjorde så avundas förmåga Cordelia och
hennes far för att ha en farväl ... det fick mig att tänka på min egen
situation , särskilt innan jag mördade mina föräldrar . "
Och några publik kommentarer föreslog tankar djupare och allvarligare
än den grunda konventionalism och kommandot moral märk
i några av de " Sokratiska " intervjuer:
En av de kniv scenerna påminde mig om en incident när jag hotade
en före detta flickvän , och det förde hem till mig rädslan hon kände ... helt enkelt
eftersom jag kände mig rädd för att titta på samma . Det tog också hem till mig
hur vi förvärra våra elände genom egna destruktiva känslor av

bitterhet och hämnd ... Om vi bara kunde lära sig att inte agera på
impulsiva drifter av hämnd skulle vi så minska mängden tragedier
i detta samhälle .
. 5 AKTÖRER OCH PUBLIK : ge något tillbaka .
För att spela på en stor och sympatisk publik är som att sjunga i ett rum
med perfekt akustik . Publiken utgör den andliga
akustik för oss . De ger tillbaka vad de får från oss som lever ,
mänskliga känslor .
Constantin Stanislavskij : en skådespelare bereder .
En relation började utvecklas mellan skådespelare och publik .
Ibland saker som hände när de bara var mingel före eller efter
pjäsen . Georgia Slowe (som spelade Julia) märkte vad som hände när
en patient erbjuds Jenny , som spelade den sjuksköterska , en kopp kaffe :
Hon vände frånvarande spritt och strök honom på armen : " Nej tack,
älskling " . Jag var bakom tittar på mannen , och det var hans uttryck
som slog mig , när denna härliga moderns kvinnan smekte honom och kallade
honom " älskling " i ett frånvarande sinnade sätt ; det var bara en underbar
uttryck . I det ögonblicket slog det mig att han hade haft Jenny som sin
mor , skulle han aldrig ha varit där ; hela sitt liv kan ha
varit mycket olika .
Efter en prestanda Ron Daniels , som regisserade Hamlet , fick veta av en
patienten att detta var inte hur Shakespeare var normalt görs :
" Nej , jag vet att det inte " , sa jag , " men det är baserat på en central idé om
en av min familj som hade schizofreni och som tog livet av sig på
23 års ålder . " Denna patient , satte mannen sina armar runt mig och kramade
mig och sade att " det ordnar sig " . Han letade efter min smärta och jag
tänkte vad som hände här var inte bara vi ger , var det oss
emot också .
Men framför allt relationen kom från att dela upplevelsen av
spelar det så mycket resonans med livet för patienterna . Brian Cox
hittade spela Lear lättare i Broadmoor än någon annanstans :
Det var den mest släppa prestanda som jag någonsin har haft , eftersom det
plötsligt hade en punkt till det . Eftersom jag kände plötsligt att jag gjorde
det till en massa människor som faktiskt förstod vad Lears smärta var
om ... De visste , eftersom deras fantasi var så akut .
Föreställningarna gav patienterna den sällsynta möjligheten av
ömsesidighet , att ge något tillbaka till de aktörer , som aktörerna i
vända uppskattat. Clare Higgins , som spelade Gertrud uttryckte det :
... Publiken fick svara på ett sätt som jag längtar efter publiken att
svara - på en känsla sätt och på ett mycket öppet sätt . När vi kom till
I slutet av pjäsen , jag plockade upp känslor från den publik som jag
aldrig brukar plocka upp på teatern . De verkade helt enkelt villiga att
korsa scenen linjen , och att vara en del av pjäsen : det fanns en hel del
sorg i rummet , och sorg och ånger , och de verkade vara
trycka på play för att det ingås med oss . Jag tyckte att det extraordinära ,
eftersom jag inte tror att många människor i det rummet var intim med den

spela , eller visste hur det skulle sluta . Men de verkade bara att rulla
med det , med oss till slutet . Det var en härlig känsla . Jag har aldrig
hade det med en publik innan - som vi alla tillsammans har upplevt
pjäsen igenom .
Mark Rylance talade om sin egen reaktion på en interjektion under
Ophelias begravning , ett svar där skådespelare och Hamlet slås ihop :
Det var ett fantastiskt ögonblick när jag sa till Laertes , " Jag älskade Ophelia .
Fyrtio tusen bröder kunde inte med all sin mängd kärlek att göra
upp min summa . " Och en av patienterna stod fram och sa , " Jag tror
dig " . Mitt hjärta verkligen kvävdes upp och tårar svämmade in i mina ögon , och jag
tänkte - Åh jag verkligen behövde någon att säga att ... Jag insåg inte hur
mycket jag behövde för att vara trovärdig . " ... Jag kände mig ja , bara någon som du
skulle förstå . Kanske det är en del av anledningen till att jag ville gå - eller
Hamlet i mig ville gå ; en känsla av att folk skulle förstå .
Förutom detta ger tillbaka , fanns det också en del ömsesidig respekt . Mark
Rylance , som spelade Hamlet , hoppades att det faktum skådespelarna hade
kommit kan skicka en signal :
Jag kan tänka mig att det var något i sig själv bara för att känna att vi kom och
gav som resultat till dem . Om jag var någonstans så där och
någon kom och gjorde det för mig , skulle jag känna att det kanske fanns
något gott i människor eller att de trodde att jag var värd det .
En patient sade den delade erfarenheten ledde till vänskap :
Skådespelare kom hit som okända människor och lämnar företaget
vänner . Anledningen till detta ... är att vi delar en intimitet och enhet
det kan aldrig uppleva någon annanstans .
Att ha dödats och misshandlade oss själva , kan vi förstå
galenskap och våld ... i Shakespeares tragedier eftersom det är nära
till vårt hjärta . Vi behöver inte gissa vad det [är] gillar att döda , lemlästa ,
och känner absolut förtvivlan . De flesta av oss har varit där själva .
6 . Oroa inauthenticity .
Hur är det med " betald vänner " fråga nämnde tidigare ? finns det
något manipulativ eller oäkta om avsiktligt med hjälp av en
prestanda för en Shakespeare spela för att nå saker djupt inne i
patienter ? Den känslomässiga ömsesidighet och ömsesidig respekt som började
växa ur utbyte av djup erfarenhet räknas mot detta .
Inför några av skådespelarna gjorde oroa om att vara manipulativ eller
nedlåtande . Mark Rylance uttryckte det :
Jag var mycket rädd att jag skulle bli nedlåtande dem ... Du vet , de
skulle tro , ja , vem är dessa aktörer som kommer här låtsas vara
galen eller låtsas att mörda eller våldta och att komma in i den plats
där jag faktiskt har varit och där jag faktiskt har lidit allt detta
smärta på grund av att vara där . Jag fick plötsligt väldigt rädd om vad
Jag gjorde . Vilken rätt hade jag att komma hit och skildra saker som
detta till människor som kanske hade upplevt dessa saker i deras
liv ?

Men denna medvetenhet i sig görs för äkthet :
... Den känslan är som en eld som brände bort eventuellt överskott av ego och alla
de knep du vill lita på , och jag kände bara att jag måste vara absolut
ärliga här . Den Hamlet måste vara absolut syra, ärlig ... Det var en av
dessa underbara stunder som jag jaga efter hela tiden , när du
känner att du är en ledare och något som kommer genom dig , snarare
än du gör någonting . Och jag kände inte att jag hade spelat
del alls. Jag kände att de spelade den . Något kollektiv kom genom
mig , genom orden . Det var mycket lite " göra " ; de " gör " fick
bränns bort och det fanns mer väsen ...
Vid ett tillfälle han uttalade orden " Foul gärningar kommer att stiga , om alla
jord o'erwhelm dem , för människornas ögon " :
Jag sade att denna linje till en man som jag inte visste , men som hade tittat på mig
med sådan tydlighet , med inget annat än en helt rak blick . den
precis kändes genast som om det fanns en mycket känslig grupp människor
där , att man måste gå mycket försiktigt och inte misshandel , inte ta
fördel , bara ge dem det så enkelt som man kunde.
Mycket samma tanke inspirerade Rebecca Saire uppspelnings av Ophelia :
Vanligtvis en del av mig står på ena sidan , att döma mig själv och
publikens respons på det jag gör . På Broadmoor , fann jag att
observatörens del av mig sög igen Inför så mycket sanning i
för de människor som vi utför framför , undermedvetet jag
insåg jag behövde 100 % av min egen sanning att besvara dem . Det var som om jag
spelade Ophelia för första gången .
7 . Hjälpa människor BORT blinkers och göra några sprickor i muren .
De citerade här röster är bara några från en publik som innehåller
nästan en fjärdedel av Broadmoor patienter . Så det är också sannolikt att
har varit några som reagerade mindre .
Det finns en hel psykologi väntar på att kartläggas på varför vissa människor
som har gjort hemska saker är mer nåbar än andra . i hans
självbiografi utom mig , beskriver Antony Sher pratar med två
mördare , släpptes efter fängelset , som ett led i förberedelserna för att spela
Macbeth . En (" Mark ") hade varit spelberoende och dödade hans bästa
vän snarare än erkänna att han hade spelat för pengar för den el
räkningen . Han var känslig på ett sätt som föreslog " ingen yttre skikt av
hud " , rå , darrningar , nervig , hemsökt av hans brott , och som såg
själv efteråt som " Alone . Nakna i världen. Alltid . " Den andra
(" Jimmy ") var " en Glaswegian hård man , uppvuxen på brott " . Han hade
dödade en misstänkt angivare . " Om Jimmy inte hade fångats , känner du
Han skulle inte ha gett det en tanke . " Han minns knappt hans
brott men avundsjuk allt om fängelse . Båda kom för att se
Macbeth . Mark tyckte inte om det och ville Macbeth själv hade varit mer
heroisk . Jimmy gick ut efter pjäsen säger ingenting . Antony Sher
skrev , " Jag fruktar det värsta igen . Då får jag ett brev . I stöte
fraser han upprepade gånger hur rörd han var . " (SHER , SIDOR 336-559 .)
Det kan tyckas märkligt att spelet nått , inte rå känslig man

utan yttre skal , men den hårda mannen . Kanske hårdheten är den
försvarsmur , och Shakespeares tragedier ibland når
sårbar person som tittar fram genom slitsarna ?
Den responsiva röster efter den Broadmoor föreställningar varierade
tillräckligt för att visa att vissa patienter fick " ge tillbaka vad de får
från oss som levande mänskliga känslor " . Det är svårt att inte se tecken på
återupplivade känslomässiga tillväxt på det sätt de spelar nått inuti dem till
framkalla känslor och reflektioner , och i vilken publiken gav tillbaka till
skådespelarna .
Projektet var en ny modell för hur man kan hjälpa människor vars värld var
skymtade i " sokratiska " intervjuer . Den världen är begränsande . de
är låsta i en smal och styv moral vedergällning , konvent
och auktoritet . Framstående i deras värld är emotionella avvisande , brist
erkännande , skygglappar och försvarsmuren . The Shakespeare
föreställningar kan ha börjat att nå " den dämpade organ,
fantasi " . Kanske de gjorde förlossning lite mindre förtryckande
och lite lättare att fly .
Men modellen har uppenbara begränsningar . Inte varje psykiatriskt sjukhus
kan rita på aktörer , och absolut inte av denna kvalitet . och vad
händer när de har gått ? Fyra pjäser kan bidra , men
det skulle vara vild optimism att tro att tillräckligt för att vända någons liv
rund , även när de spelar är av Shakespeare och handlat av
bästa proffs . Projektet citeras här som särskilt
imponerande , men ändå som en bland andra, inte som en trollstav .
Det finns ett behov av många icke-standardiserade metoder för att återuppliva moral
och
känslomässiga tillväxt . De flesta av dem kommer inte att ha allt det gjort
Shakespeare projektet en framgång . Men det är värt att nämna några viktiga
funktioner . Skådespelarna visade respekt för patienterna genom sin
vilja att utföra dem . Skådespelare och publik diskuterade
spelar på lika villkor , vilket leder till en viss ömsesidighet . Inte allt var
organiserad. Kontakta i lösa bitar av oplanerad tid ledde till att en del av de
bästa stunder : skådespelaren att säga " nej tack , älskling ", som hon smekte
patientens arm , och patientens kram när Ron Daniels nämnde
hans son . (Erving Goffman , i Asylums , sade att " vår status backas
av de fasta byggnader i världen , samtidigt som vår känsla av personlig
identitet ofta bor i sprickorna " .)
Kanske två saker som räknas mest . Valet av Shakespeares
tragedier , inte lättare och mindre relevanta pjäser , innebar att gå djupt . Och
Det betydde att patienterna fick chansen att ge något tillbaka .
Det bör vara möjligt att uppfinna andra projekt som går djupt . Och
reciprocitet bör vara för möjlig . Ted Hughes kan vara rätt att de flesta
av oss inbördes genom spalterna i vårt försvar . Om så är fallet , kanske de av
oss med och de av oss utan " antisocial personlighetsstörning " kan
hjälpa varandra smash hål genom de försvarsmurar .

www.ingramcontent.com/pod-product-compliance
Lightning Source LLC
Chambersburg PA
CBHW060648290526
45793CB00001B/446